VIKTOR E. FRANKL
ZEITEN DER BESINNUNG

VIKTOR E. FRANKL

ZEITEN DER BESINNUNG

Gleichnisse

Zusammengestellt, ergänzt und kommentiert von
Elisabeth Lukas

Mit einem Vorwort von
Walter Kohl

BEN
EVE
NTO

Bei dieser Ausgabe handelt es sich um eine aktualisierte und überarbeitete Neuauflage der inzwischen vergriffenen Originalausgabe *Der Seele Heimat ist der Sinn,* München 2005.

1. Auflage

Medieninhaber, Verleger und Herausgeber:
Red Bull Media House GmbH
Oberst-Lepperdinger-Straße 11–15
5071 Wals bei Salzburg, Österreich

Satz: MEDIA DESIGN: RIZNER.AT
Gesetzt aus der Palatino, Futura PT, Le Monde Livre Cla Std
Umschlaggestaltung: Büro Jorge Schmidt, München
Umschlagillustration: © Radiocat / Shutterstock
Printed by GGP Media GmbH, Pößneck
ISBN 978-3-7109-0155-3

INHALT

EIN VORWORT IN UNGEWISSEN ZEITEN

Liebe Leserinnen und Leser,

Dieses Vorwort wird im März 2022 geschrieben. Ein wichtiger Hinweis, denn nur so können spätere Leser einordnen, dass dieser Zeitpunkt hoffentlich vielen Menschen einen neuen Zugang zu Viktor Frankl, seinem Werk der Logotherapie und damit zu Elisabeth Lukas und ihrer Weiterentwicklung seiner sinnzentrierten Philosophie und Lebensführung ermöglicht. Warum?

Es wurde unter dem Eindruck des völkerrechtswidrigen, menschenverachtenden und brutalen russischen Angriffs auf die Ukraine im Februar 2022 geschrieben. Einem Ereignis, das nicht nur die politische und gesellschaftliche Landschaft in Europa tiefgreifend und nachhaltig verändern wird, sondern auch jeden Einzelnen von uns betrifft. Mit einem Schlag hat ein Diktator, hat Vladimir Putin, vermeintliche Wahrheiten und Gewissheiten über Frieden, Zusammenarbeit und einvernehmliche Konfliktlösung in Europa mit Panzern und Raketen vom Tisch gewischt. Mehr als 75 Jahre Frieden seit dem 2. Weltkrieg, wenn auch viele Jahre davon in einem kalten Krieg, haben ein abruptes Ende gefunden. Die Welt befindet sich in einem Schockzustand, Entsetzen über das Leid der Menschen in der Ukraine, das Schicksal von Millionen von Flüchtlingen, über die eigene Naivität aber auch Ängste über das was noch kommen mag, beherrschen unser Denken. Auf einmal ist so vieles anders, wird Unvorstellbares zu neuer Realität. Es wird von einer Zeitenwende gesprochen, die Zukunft scheint unsicherer und gefährlicher denn je. Viele Menschen fühlen sich von den Ereignissen überrollt.

Und so seltsam es klingen mag, ein Ergebnis dieser heutigen Zeitenwende kann auch sein, dass wir als bisher verwöhnte »Friedenskinder« (ich selbst bin Jahrgang 1963) einen Viktor Frankl, sein Werk, seine Beweggründe besser verstehen lernen können. Geboren 1905 im kaiserlichen Wien erlebte Frankl als Jugendlicher den Ersten Weltkrieg, 1919 den Zusammenbruch der Monarchie, eine tiefgreifende Zeitenwende. Als junger Mann erlebte er die 1920er und 1930er Jahre, Zeiten voller politischer Auseinandersetzungen, großer wirtschaftlicher Krisen und der Geburt großer und kleiner Diktaturen in Europa, von Hitler über Stalin bis hin zu Mussolini und dem Ungarn Horthy. Diktaturen, die dann den Kontinent und schließlich die Welt in die Katstrophe des Zweiten Weltkrieges stürzten.

Aus unserer heutigen Warte können wir feststellen: Seit seiner Jugend kannte Frankl nur eine unsichere, unberechenbare und gefährliche Welt. Aus einer jüdischen Familie stammend wurde der Anschluss Österreichs an das Deutsche Reich von 1938 und der Rassenwahn der Nazis zum

Damoklesschwert für seine Familie. Frankl verlor fast seine gesamte Familie, seine Eltern, seinen Bruder und seine erste Ehefrau Tilly im Holocaust. Er überlebte als Insasse mehrerer Lager, darunter Auschwitz wie durch ein Wunder. Mehr Tod als lebendig befreiten ihn amerikanische Truppen Ende April 1945. Wahrhaftig eine Stunde Null, er hatte nichts mehr, nur Tod und Verderben um ihn herum.

Doch Frankl hatte die Kraft und auch die Liebe, ein neues Leben nach dem Horror und den Zerstörungen des Zweiten Weltkrieges anzufangen, in Wien, am Ort seiner Jugend, in einer Stadt in der er jeden Tag an die Schrecken des Krieges, den Verrat seiner Familie an die Nazis und an die Qualen in den Konzentrationslagern erinnert wurde. Und auch dank seiner Logotherapie schaffte er das schier Unmögliche. Er heiratete 1947 seine zweite Frau Elli, mit der er bis zu seinem Tod 1997 glücklich verheiratet war. Er gründete eine neue Familie, er wurde Professor an der Universität Wien und – meiner Meinung nach seine größte Leistung – er blieb ein Freund der Menschen. Frankl sagte in bewundernswerter Weise »Ja zum Leben«. Als Arzt und Logotherapeut aus Überzeugung verzweifelte er nicht an seinem Schicksal oder den Umständen, sondern zeigte Wege auf, wie Menschen durch Sinn Heilung, Kraft und neue Zukunft finden können. Er lebte, was er lehrte und schrieb – und das bis zu seinem Tod.

In den 1960er Jahren sitzt in einer seiner Vorlesungen eine junge Studentin, Elisabeth Lukas, die zuvor noch nie von dem »kleinen, weißhaarigen Professor« gehört hatte. Doch schon nach zehn Minuten schlagen seine Worte, seine so ganz andere Art, die junge Frau in ihren Bann. In der Vorlesung spricht Frankl über die Fähigkeit des Menschen sich selbst transzendieren zu können – in der Hingabe zu einer Aufgabe bzw. in der Begegnung mit anderen Menschen. Später wird Elisabeth Lukas schreiben: »Die Selbsttranszendenz, die Fähigkeit des Menschen, in der Erfüllung eines Sinns über sich selbst herauszuwachsen, gibt es; mehr noch, sie ist das menschliche Spezifikum, das uns erst wirklich Mensch sein lässt. Eine Psychologie, die dies übersieht, kennt den Menschen nicht.«*

Die Begegnung mit Frankl und seinem Werk wird zu einem lebensverändernden Moment für Elisabeth Lukas, zu ihrer persönlichen Zeitenwende. Im positiven Sinne des Wortes infiziert von der Logotherapie wird sie ihr Leben dem Thema widmen. Schon als Doktorandin entwickelte sie den »Logo-Test«, ein psychologisches Testverfahren, das, übersetzt in 14 Sprachen, in vielen Forschungsarbeiten Verwendung fand.

Mit ihrem Mann und ihrem Sohn zog sie anschließend nach Deutschland und begann 1973 als klinische Psychologin und Psychotherapeutin zu arbeiten. Am 1. Februar 1986 gründete sie in Fürstenfeldbruck bei München zusammen mit

---

* Elisabeth Lukas, *Der Seele Heimat ist der Sinn*, München 2005, S. 14.

ihrem Mann das Süddeutsche Institut für Logotherapie und Existenzanalyse. Für die Ausbildung entwickelte sie einen viersemestrigen Lehrplan, durch den die Studierenden systematisch in das Gedankengut der Logotherapie eingeführt wurden. In vielen Instituten weltweit ist ihre Grundlagenarbeit noch heute die Basis der Ausbildung.

In Kalifornien erhielt sie 1991 von der Santa Clara Universität die Ehrenmedaille für »Outstanding Contributions in Counseling Psychology to the World Community«. 2002 bekam sie von der Stadt Wien den Großen Preis des Viktor-Frankl-Fonds zur Förderung einer sinnorientierten und humanistischen Psychotherapie. Am 18. Mai 2014 bekam sie von der Universität Moskau die Ehrenprofessur verliehen. An diesen Tag erinnere ich besonders gerne, da ich die große Ehre hatte in Wien die Laudatio auf Elisabeth Lukas halten zu dürfen.

Im Frühjahr 2003 ist sie mit ihrem Mann in ihre alte Heimat in Österreich zurückgekehrt, wo sie bis 2011 als Lehrtherapeutin beim Ausbildungsinstitut für Logotherapie und Existenzanalyse ABILE tätig war.

Heute sind Viktor Frankl, seine Logotherapie und damit auch das Lebenswerk von Elisabeth Lukas aktueller denn je. Ich weiß das aus eigener Erfahrung. In meiner tiefen Lebenskrise 2001 und 2002 waren es vor allem ihre für den Laien sehr verständlichen und zugänglichen Schriften zur Logotherapie, die im wahrsten Sinne des Wortes mein Leben neu ausrichteten, ja mithalfen es zu retten.

Drei fast zeitgleiche Schocks zerschlugen damals mein altes Leben: erstens der Suizid meiner Mutter in meinem Jugendbett 2001, zweitens das Zerbrechen meines beruflichen Lebensentwurfes sowie die Zerstörung der allermeisten meiner sozialen Kontakte durch die Auswirkungen der CDU-Parteispendenaffäre meines Vaters und schließlich das Zerbrechen meiner ersten Ehe. Dieser Dreifachschlag innerhalb weniger Monate überwältigte mich.

Ich konnte nicht mehr und ich wollte nicht mehr, so dachte ich jedenfalls in dieser Zeit. Wofür das alles erleiden? Warum für Dinge bestraft werden, die man nicht zu verantworten hat? Warum noch weitermachen? An diesen Fragen drohte ich zu zerbrechen und mir fehlte damals die Vorstellungskraft, dass es auch einen anderen, einen neuen Weg geben könnte.

Durch einen Zufall entdeckte ich in einer Zeitschrift Hinweise auf das Leben und Werk von Frankl, von dem ich zuvor noch nie gehört hatte. Ich las sein episches Buch *… trotzdem Ja zum Leben sagen* und entdeckte Elisabeth Lukas und ihre Arbeiten zur Logotherapie. Nun hatte ich konkrete Hinweise und konnte Dinge lernen, die mir neue Horizonte eröffneten. Als Volkswirt kann man sich leicht in der Welt der Zahlen, Daten und Fakten verlieren, von Selbsttranszendenz findet man in diesem Fach keine Spur. Ohne es zu ahnen war ich auf mein Lebensthema gestoßen, sinnzentrierte Lebensführung. Heute kann ich sagen – und das macht mich sehr glücklich und dankbar –

dass es ohne Viktor Frankl, die Logotherapie und insbesondere die Werke von Elisabeth Lukas mich in dieser Form nicht gäbe. Daher ist dieser Text heute mehr als ein Vorwort, es ist dies eine Gelegenheit, mich tief vor den Beiden und ihrem Werk zu verneigen, mich für ihr segensreiches Wirken von Herzen zu bedanken.

Im vorliegenden Buch geht es um Gleichnisse, also um kleine Geschichten, die den Leser sowohl im Kopf als auch im Herzen erreichen wollen. Wir kennen Gleichnisse als wichtiges Stilmittel der Bibel, ein Hinweis, dass ihre Wirksamkeit seit tausenden von Jahren ungebrochen ist. Elisabeth Lukas nutzt dieses Stilmittel in meisterhafter Weise.

Ein Gleichnis kann in einfachen Worten, eingefasst in eine einfache Geschichte, zentrale Hinweise zu grundsätzlichen Lebensfragen geben. Es ist wie eine Bildergeschichte, die uns im Gedächtnis haften bleibt. Ein Gleichnis kann also Leuchtturmcharakter bekommen auf unserem Weg durch die manchmal stürmischen Gewässer unseres Lebens.

Zwei Beispiele dazu, zunächst das Gleichnis vom Pianisten und seinem Klavier, das wie folgt erzählt wird: Eine Sonate kann weder ohne Klavier noch ohne Pianisten gespielt werden … Auf einem verstimmten Klavier kann selbst der beste Pianist nicht gut spielen (Gleichnis für die Erkrankung). Dann holt man den Klavierstimmer (Intervention des Arztes). Wer wagt nun zu behaupten, das Stimmen des Klaviers macht die Kunst des Pianisten aus? Wir wissen: es macht nicht einmal die Fehler eines schlechten Pianisten aus.

Elisabeth Lukas schreibt in ihrer Interpretation des Gleichnisses »wir können die Melodie unseres Lebens ohne unser Instrument nicht spielen … und dennoch ist das ausgezeichnetste Instrument keine Garantie für köstliche Musik. Der Stümper entlockt ihm nur schrille Töne, während der Künstler selbst dem beschädigten Instrument Harmonien abzuringen vermag. Ist das nicht ganz ähnlich in unserem Leben? Ist es nicht erstaunlich, was manche kranken oder behinderten Menschen aus ihren geringen Möglichkeiten heraus noch gestalten und leisten, während andere eine beneidenswerte Vitalität besitzen und ungenützt lassen? Der Musiker bestimmt letztlich die Melodien, die er seinem Instrument – in dem Zustand, in dem es sich jeweils befindet – entlockt, er steht auf einer seinem Instrument übergeordneten Seinsstufe.«

Das zweite Gleichnis vom Wanderer und den zwei Steinmetzen hat mir früh die Kraft der Logotherapie und einer sinnzentrierten Lebensführung verdeutlicht, denn es zeigt die Kraft der Reflexion und der sinnhaften Lebensgestaltung.

In diesem Gleichnis kommt ein Wanderer in eine mittelalterliche Stadt. Neben dem Marktplatz sieht er eine große Baustelle mit vielen Arbeitern und großen Mengen Steinen. Neugierig tritt er näher und spricht einen ersten Steinmetz an, der sich fluchend mit der Bearbeitung eines großen Steines abmüht. Der Wanderer fragt: »Was machst du da?« Der erste Steinmetz dreht sich um und blafft unwirsch zurück: »Das siehst du doch, ich klopfe Steine.«

Der Wanderer geht weiter und trifft wenige Schritte weiter auf einen zweiten Steinmetz. Dieser bearbeitet fröhlich pfeifend einen noch größeren Stein. Der Wanderer spricht nun den zweiten Steinmetz an und fragt erneut: »Was machst du da?« Der zweite Steinmetz richtet sich auf, lächelt den Wanderer an, zeigt mit einer breiten Geste seiner Arme und Hände die Umrisse eines großen Gebäudes an und antwortet: »Ich baue an einer Kathedrale.«

Liebe Leserinnen und Leser,
Logotherapie, ihre Werte und Gleichnisse sind ein Schatz, der uns menschlich reich und stark macht. Diese wichtige Erkenntnis galt nicht nur zu Lebzeiten von Viktor Frankl sondern auch – vielleicht besonders – heute in unseren turbulenten Zeiten. Ich bin dankbar, dass ich diesen Schatz entdecken durfte und möchte ihn mit Ihnen teilen. Deshalb finde ich es großartig, dass diese wichtigen Schriften, dieser Erfahrungs- und Wissensschatz nun wieder neu aufgelegt und uns allen zur Verfügung gestellt wird.

Es liegt nun an uns, davon zu profitieren, denn wir alle tragen diesen Schatz in uns. Jeder sollte für sich den Mut und die innere Freiheit in Anspruch nehmen, diesen Schatz zu heben, zu nutzen.

Denn was gibt es Schöneres als mit Sinn und Freude durchs Leben zu gehen? Ich hoffe, Sie können dieses Buch als Ihre Schatzkarte verwenden. Nutzen Sie seine Weisheit, seine Inspiration, werden Sie Sinn-stark und glücklich.

In diesem Sinne alles Gute
Ihr Walter Kohl

Glashütten, im März 2022

GEEIGNETE GLEICHNISSE

Auf das Fragen verzichten?

Sobald der Kranke seiner wesenhaften Verantwortlichkeit durch den Psychotherapeuten sich bewusst geworden ist, wird dieser, der Arzt, etwa die Lösung folgender zwei Hauptfragen dem Kranken selbst überlassen müssen: 1. Vor *wem* dieser sich verantwortlich fühle – z. B. ob vor dem eigenen Gewissen, oder: vor Gott – und 2. *wofür* er sich verantwortlich fühle, d. h., welchen konkreten Werten er dienend sich zuwendet, in welcher Richtung er den Sinn seines Lebens findet und welche Aufgaben ihn erfüllen.

Die Lösung dieser Fragen bleibt auf jeden Fall dem Kranken selbst vorbehalten. Und wenn er, wie so viele differenziertere Persönlichkeiten, sein Ringen um den Sinn seiner Existenz, mit der Frage nach dem Sinn des Lebens, uns offenbart, so werden wir ihm vor allem bewusst machen müssen, dass letztlich nicht er der Fragende ist, sondern eigentlich der Befragte; dass es dem Urtatbestand der Verantwortlichkeit im Dasein mehr entspräche, wenn er, statt stets nach dem Sinn des Lebens zu fragen, sich selbst als Befragten erlebte, als Menschen, dem das Leben seinerseits ständig Fragen stellt, als ein Wesen hineingestellt mitten in die Fülle von Aufgaben. Lehrt doch die Psychologie, dass Sinnentnahme auf einer höheren Entwicklungsstufe steht als Sinngebung. Zur persönlichen Fähigkeit jedoch, dem eigenen Leben in seiner Einzigartigkeit und Einmaligkeit Sinn zu entnehmen, zur Fähigkeit der selbständigen Sinnfindung also, haben wir Psychotherapeuten den Kranken zu bringen.

Was wir bisher besprochen haben, macht sozusagen den allgemeinen Teil der Logotherapie aus, der nunmehr ergänzungsbedürftig ist durch deren speziellen Teil, unter dem wir uns jene Technik vorstellen, die mit den vielfältigsten Einwänden des Kranken fertig wird, und jene Dialektik, die die Auflehnung des Menschen gegen die vermeintliche Bürde des Verantwortlichseins, die Flucht vor seiner Freiheit aufhebt. Vor allem wird es unter Umständen notwendig sein, das Aufzeigen der Verantwortlichkeit als eines Grundzuges menschlichen Daseins dem Verständnis des schlichten Menschen näherzubringen, in einer möglichst konkretisierenden Alltagssprache, die sich in manchen Fällen nicht scheuen darf, sich geeigneter Gleichnisse zu bedienen.

KOMMENTAR

Dieser Textausschnitt stammt aus einem Aufsatz von Viktor E. Frankl aus dem Jahr 1938. Der damals 33j-ährige Arzt ahnte gewiss nicht, welche furchtbare Leidenszeit und »Prüfungszeit« seiner eigenen Verantwortlichkeit im Zweiten Weltkrieg auf ihn zukommen würde.

Doch schon hatte er eine Lebensmaxime formuliert, die nicht nur für seine Patienten, sondern auch für ihn selbst durch alle Fährnisse hindurch tragend werden sollte: Wir sind nicht die Fragenden – wir sind die vom Leben her Befragten. Wir sind diejenigen, die dem Leben zu antworten haben – auf unsere beste Weise. Wir können uns die Frage, *warum* etwas geschieht, das uns nicht gefällt, sparen, denn das Leben gibt keine Erklärungen ab. Was auch kommen mag, ob es uns gefällt oder nicht, wir sind aufgerufen zur »Sinnentnahme«. Eine sinnvolle und verantwortbare Antwort auf die Fakten des Lebens zu geben, ist höchste Lebenskunst.

Es ist exakt die Kunst, die das Gedankengebäude der Logotherapie lehren und vermitteln will. Dazu bedient sie sich, wie wir im obigen Text erfahren haben, auch geeigneter Gleichnisse. Frankl selbst hat es in seinen Fachbüchern zu einer wahren Meisterschaft der Symbolsprache gebracht, insbesondere bei jenen Themen mit philosophischem Tiefgang, für die einfache Worte nicht ausreichen würden. Wo alle Worte zu wenig wären … soll das Gleichnis zu uns sprechen.

WER BIST DU, O MENSCH?

Das Flugzeug in den Lüften

Das Geistige ist nicht etwas, das den Menschen bloß kennzeichnet, nicht anders als etwa das Leibliche und das Seelische dies tun, die ja auch einem Tier eignen; sondern das Geistige ist etwas, das den Menschen auszeichnet, das nur ihm und erst ihm zukommt.

Ein Flugzeug hört selbstverständlich nicht auf, eines zu sein, auch wenn es sich nur auf dem Boden bewegt: Es kann, ja es muss sich immer wieder auf dem Boden bewegen! Aber dass es ein Flugzeug ist, beweist es erst, sobald es sich in die Lüfte erhebt – und analog beginnt der Mensch, sich als Mensch zu verhalten, nur wenn er aus der Ebene psychophysisch-organismischer Faktizität heraus- und sich selbst gegenübertreten kann – ohne darum auch schon sich selbst entgegentreten zu müssen. Dieses Können heißt eben existieren, und existieren meint: über sich selbst immer auch schon hinaus sein.

KOMMENTAR

Die Franklsche Logotherapie hat ein uraltbiblisches und trotzdem heute noch faszinierendes Menschenbild zum Fundament, nämlich das Bild eines leiblich-seelischen Wesens, dem »der Geist eingehaucht worden ist«. Dieser »Geist« meint nicht die kognitive Fähigkeit, Wissen zu entwickeln und anzusammeln. Er meint weder Intellekt, noch Intelligenz, was beides zur seelisch-psychischen Grundausstattung des Menschen zählt und sich in Ansätzen auch bei höheren Säugetieren findet. Die »eingehauchte« geistige Dimension ist aus logotherapeutischer Sicht das spezifisch Humane, das keinem anderen Lebewesen auf Erden eignet außer dem Menschen allein.

Was aber ist »spezifisch human«? Was unterscheidet uns Menschen von höheren Säugetieren? Eine im Raum nüchterner Wissenschaftlichkeit spannende Frage, die zunächst zögern lässt. Hunde, Pferde, Affen und sogar Delphine haben in ihrem Verhalten große Ähnlichkeiten mit uns. Wo und wann enden solche Ähnlichkeiten, wo und wann beginnt menschliche Existenz in ihrer Unvergleichbarkeit?

Frankl verwies auf das Flugzeug, das sich genauso wie andere Fahrzeuge auf den Straßen bewegen kann. Was unterscheidet es von Autos, Bussen, Kranwägen oder Sattelschleppern? Gewiss, seine Bauart divergiert ein wenig, aber schließlich besitzt es genauso einen Rumpf mit Fenstern, Sitzen, Rädern und Motoren. Analog divergiert die menschliche Bauart von der tierischen und ist doch nach denselben biologischen Prinzipien konstruiert. Nein, was Flugzeuge von Nichtflugzeugen unterscheidet, ist nicht ihre äußere Form, sondern ihre Potenz, sich »in die Lüfte erheben zu können«. So ist auch der Mensch ein Wesen, das sich über seine »psychophysisch-organismische Faktizität«, das heißt: über sich selbst, über seine jeweilige Verfassung, über seine Herkunft, über seine Geschichte etc., erheben kann. Er muss es nicht, und zum Glück braucht er es nicht ständig, aber er *kann* es: er kann stärker sein als die stärkste Prägung oder der stärkste Instinkt in ihm selbst, er kann verändern, wo er scheinbar festgelegt ist. Die »Lüfte« über ihm sind jenes winzige Stückchen Freiheit, in die er sich aus seiner Erdenschwerkraft emporschwingen kann und darf, um – wahres Menschentum zu bezeugen.

Das offene Trinkglas

Projiziere ich ein Trinkglas in die Ebene des Tisches, auf dem es steht, so bildet es sich im Grundriss als Kreis ab, während es sich im Seitenriss als ein Rechteck abbilden würde. Nun sind diese Projektionen inkommensurabel. Trotzdem sind sie kompatibel, sobald sie eben als Projektionen aufgefasst werden. Wie uns nicht einfällt zu behaupten, ein Trinkglas setze sich zusammen aus einem Kreis und einem Rechteck, ebenso wenig setzt sich der Mensch zusammen aus Leib, Seele und Geist. Vielmehr handelt es sich beim Leiblichen, Seelischen und Geistigen um je eine Dimension des Menschseins.

Das Geistige aber ist nicht nur eine eigene Dimension, sondern auch die eigentliche Dimension des Menschseins. Sosehr jedoch die geistige Dimension die eigentliche ausmacht, sowenig handelt es sich bei ihr um die einzige Dimension des Menschseins. Ist doch der Mensch eine leiblich-seelisch-geistige Einheit und Ganzheit …

Innerhalb des Leiblichen schließen sich Ursache, Wirkung und Rückwirkung zu einem in sich geschlossenen »Kausalring« zusammen, und in diesem Sinne wird man beispielsweise das Zentralnervensystem durchaus als ein »geschlossenes System« bezeichnen müssen. Wie aber kommt es dann, dass dieses scheinbar ganz und gar in sich geschlossene System gleichzeitig offen ist und bereit, Seelisches und Geistiges in sich aufzunehmen, in sich einfließen zu lassen, sich beeinflussen zu lassen; um solcherart dem Organismus überhaupt erst seinen Dienst an der Person zu ermöglichen, der – gemäß seiner expressiven und instrumentalen Funktion – ein zweifacher ist? Nun, dieser Widerspruch: hie Geschlossenheit des neurophysiologischen Systems, da Offenheit gegenüber allem transphysiologisch Seienden – dieser Widerspruch erweist sich als scheinbar und aufhebbar, sobald wir das Menschsein dimensional betrachten.

Denn wenn ich den Grundriss eines Trinkglases nehme, also dessen Projektion in die Tischebene, so zeigt sich dieser Grundriss ja ebenfalls als ein in sich geschlossener Kreis; dennoch ist das Trinkglas selber in der nächsthöheren, in der dritten Dimension, im Raum, ebenfalls »offen« und »bereit«, etwas in sich aufzunehmen; aber auch diese Offenheit trotz gleichzeitiger Geschlossenheit offenbart sich uns eben in jener Dimension, in der so etwas wie Trinkgläser überhaupt erst vorkommt – Trinkgläser, die nun einmal dreidimensionale, räumliche Gebilde sind. Nicht anders der Mensch. Nur dass es heute leider noch nicht eine ebensolche Selbstverständlichkeit ist: Dass zur Ganzheit des Menschen das Geistige mit dazu gehört, ja, *dass die Dimension des Geistigen den Raum des Menschlichen überhaupt erst konstituiert.*

KOMMENTAR

Frankl bedauerte es wiederholt in Schrift und Wort, dass die Geistigkeit des Menschen häufig übersehen wird. Als interessierter Mediziner, der sich kontinuierlich weiterbildete und auf zahlreichen Kongressen und Tagungen mit Fachkollegen diskutierte, spürte er den aufkommenden Trend seiner Zeit, die menschliche Persönlichkeit aus elektrochemischen Prozessen heraus ableiten zu wollen. Der Milieudeterminismus des frühen 20. Jahrhunderts, demzufolge jeder Mensch mehr oder weniger das Ergebnis seiner Erziehungs- und Gesellschaftseinflüsse sei, wurde gegen Ausklang des vorigen Jahrhunderts zunehmend von genetischen und physiologischen Erklärungsmustern abgelöst, die sich auf die neuesten Computerdaten stützten. Doch entschwand bei all diesen teils widersprüchlichen Theorien das »exklusiv Menschliche« immer mehr dem Auge des Betrachters.

Warnend brachte Frankl den Vergleich mit dem Trinkglas ins Spiel. Auf verschiedene Ebenen projiziert, bildet sich ein Trinkglas widersprüchlich ab: einmal als Kreis, einmal als Rechteck – und noch dazu immer als in sich geschlossene Figur. Aber in Wirklichkeit ist ein Trinkglas unendlich mehr als ein Kreis, unendlich mehr als ein Rechteck, und nach oben hin offen! Ähnlich ist der Mensch *unendlich mehr* als das Ergebnis seiner Erziehungs- und Gesellschaftseinflüsse, *unendlich mehr* als seine genetischen und physiologischen Programme, und ebenfalls auf gewisse Weise »nach oben hin offen«. Im Textabschnitt umschrieb Frankl diese menschliche Offenheit mit der Bereitschaft, etwas in sich aufzunehmen. Wir gehen bestimmt nicht fehl, wenn wir darunter u. a. auch die spezifisch humane Bereitschaft verstehen, Signale aus der Transzendenz aufzunehmen und in sich klingen zu lassen.

Die Schatten dreier Figuren

Projiziere ich beispielsweise einen Zylinder, einen Kegel und eine Kugel aus dem dreidimensionalen Raum heraus in die zweidimensionale Ebene des Grundrisses hinein, dann ergibt dies in jedem Falle einen Kreis. Nehmen wir an, es handle sich um die Schatten, die der Zylinder, der Kegel und die Kugel werfen, dann sind die Schatten insofern mehrdeutig, als ich aus ihnen, die ja die gleichen sind, nicht darauf schließen kann, ob es ein Zylinder, ein Kegel oder eine Kugel ist, was sie wirft …

Projiziere ich nicht dreidimensionale Gebilde in eine zweidimensionale Ebene, sondern Gestalten wie Fedor Dostojewski oder Bernadette Soubirous in die psychiatrische Ebene, dann ist für mich als Psychiater Dostojewski nichts als ein Epileptiker wie jeder andere Epileptiker und Bernadette nichts als eine Hysterikerin mit visionären Halluzinationen. Was sie darüber hinaus sind, bildet sich in der psychiatrischen Ebene nicht ab. Denn sowohl die künstlerische Leistung des einen als auch die religiöse Begegnung der anderen liegt außerhalb der psychiatrischen Ebene. Innerhalb der psychiatrischen Ebene aber bleibt alles solange mehrdeutig, bis es transparent wird auf etwas anderes hin, das dahinter stehen mag, das darüber stehen mag, gleich dem Schatten, der insofern mehrdeutig war, als ich nicht feststellen konnte, ob es der Zylinder, der Kegel oder die Kugel war, was den Schatten warf.

Dem »Trinkglas-Gleichnis« steht in der Franklschen Literatur ein weiteres Gleichnis zur Seite, das zur Vorsicht mahnen will, nämlich das »Drei-Figuren-Gleichnis«. Die Warnung zielt wiederum darauf ab, das komplexe und geheimnisumhüllte Wesen »Mensch« mit seinen vielfältigen Facetten nicht unzulässig zu vereinfachen. Schnell sind Urteile gefällt, und dies nicht nur im alltäglichen Umgang miteinander. Sogar die Experten messen mitunter nur mit den Meßlatten ihrer eigenen Fachdisziplin, ohne sich die Mühe einer interdisziplinären Synopsis zu machen.

Dass der Zylinder, der Kegel und die Kugel keine identischen geometrischen Gebilde sind, weiß jeder Gymnasiast. Man kann ihre Verschiedenheit allerdings nicht sehen, wenn man einzig ihre Schattengrundrisse, nämlich drei Kreise, vor sich liegen hat. Da sieht ein Gebilde wie das andere aus. War es der Kegel, der jenen Schatten warf? War es der Zylinder? War es die Kugel? Die Schatten schweigen.

Untersucht man die Schattenprojektionen von Menschen, wie sie sich in Laborbefunden, psychologischen Tests, Leistungsprofilen, tiefenpsychologischen Analysen und sonstigen Interpretationsschemata abbilden, erkennt man auch nicht mehr die einzigartigen Personen, die man vor sich hat; die es so, wie sie in ihrer Gesamtheit sind, noch niemals im Kosmos gegeben hat und nie mehr geben wird. Was weiß man dann von ihnen? Vielleicht für manche Kurzbegutachtung genug, aber Vorsicht: insgesamt herzlich wenig!

Sicherung und Zündkerze

Wie sinnlos muss uns das Gerede von einem »Sitz der Seele« vorkommen. Klages warnt in diesem Zusammenhang ausdrücklich und nachdrücklich vor einer »abergläubischen Betrachtung des Gehirns« und meint mit Recht, »nicht das Suchen nach einem Sitz der Seele ist die Aufgabe der Hirnforschung, sondern das nach den zerebralen Verwirklichungsbedingungen für seelische Vorgänge und Anlagen«.

Als treffendes Gleichnis bringt er das folgende vor: »Eine elektrische Lampe leuchtet zur Erhellung des Raumes. Jemand zieht die Sicherung heraus und das Licht erlischt. Niemand wird die Stelle, wo die Sicherung lag, für den Sitz des Lichtes halten.« Ähnlich Hoff: »Es ist für jeden klar, dass ein Auto, dessen Zündkerze nicht funktioniert, nicht fahren kann. Niemand wird aber behaupten, dass die Zündkerze das Auto betreibt.«

Wie wenig Verständnis können wir doch, angesichts all dessen, noch für Behauptungen aufbringen, wie die von »gewissen Zellpartien« oder »Zellsystemen«, die – wenn sie »sehr zahlreich und kräftig sind« – »die nervösen Prozesse hervorbringen, aus denen die Gier nach Geld oder der Drang nach Erkenntnis oder künstlerischer Darstellung hervorgehen«. Unseres Erachtens bringt das Somatische nicht hervor und lässt nicht »hervorgehen« – es bewirkt nicht, sondern bedingt nur.

KOMMENTAR

Eine mir bekannte Religionslehrerin fragte einmal ihre Schüler in der Klasse: »Was versteht Ihr unter dem Wort ‚Seele'?« Die Kinder dachten eine Weile nach, dann meldete sich ein neunjähriger Junge und antwortete altklug: »Seele ist das, was nicht funktioniert, wenn man zum Psychiater gehen muss.« Was der Kindermund hier aussprach, wird von manchen Spitzenfachkräften der Welt ernsthaft behauptet: Die Seele sei eine Funktion des Nervensystems (das eben auch gestört sein kann, was der Psychiater dann zu reparieren habe). Die Seele »sitze« im Cortex.

Frankl befand sich mit Klages und Hoff in guter Gesellschaft, als er dem vehement widersprach. Ist das elektrische Licht eine Funktion der Sicherung im Sicherungskasten? Ist das Auto eine Funktion der Zündkerze? Freilich nicht. Trotzdem ist die intakte Sicherung eine *Bedingung* dafür, dass in einem Raum elektrisches Licht erstrahlen kann. Analog ist die intakte Zündkerze eine *Bedingung* dafür, dass ein Auto gestartet werden kann.

Aber Bedingung ist nicht Bewirkung. Bedingung ist nicht Erschaffung. Bedingung ist nicht Existenzbegründung. Entsprechend ist unsere Geistseele auf unsere Leiblichkeit angewiesen, aber daraus ist keineswegs die Schlussfolgerung zu ziehen, dass »der Leib sie sich selbst eingehaucht habe«. Das Urmysterium der Menschwerdung bleibt auch von der modernen Hirnforschung unenträtselt.

Der Pianist und sein Klavier

Die Beziehung zwischen geistiger Person und somatischem Organismus ist eine instrumentale; der Geist instrumentiert das Psychophysikum – die geistige Person organisiert den psychophysischen Organismus – ja, sie macht ihn überhaupt erst zu »ihrem«, indem sie ihn zum Werkzeug macht, zum Organon, zum Instrumentum.

So kommt es denn, dass sich die geistige Person zu ihrem Organismus analog verhält wie der Musiker zum »Instrument«. Eine Sonate kann weder ohne Klavier noch ohne Pianisten gespielt werden. Aber so, wie jedes Gleichnis, so hinkt auch dieses; denn den Klavierspieler kann man sehen – während der Geist unsichtbar ist (ohne darum unwirklich zu sein). Dass unser Gleichnis in diesem Punkte hinkt, rührt daher, dass der Pianist ebenso wohl wie das Klavier auf einer Ebene stehen – buchstäblich: nämlich auf ein und demselben Podium; während der Geist und der

Leib sich keineswegs auf ein und derselben Seinsstufe befinden.

Trotz all dieses Hinkens halten wir das Gleichnis dennoch für fruchtbar. Auf einem verstimmten Klavier kann selbst der beste Pianist nicht gut spielen (Gleichnis für Erkrankung). Dann holt man den Klavierstimmer (Intervention des Arztes), und der stimmt dann das Klavier zurecht (Gleichnis für Behandlung). Wer wagte nun zu behaupten, das Stimmen des Klaviers mache die Kunst des Pianisten aus? Wir wissen: Es macht nicht einmal die Fehler eines schlechten Pianisten wett.

KOMMENTAR

Dass unsere Leiblichkeit, und vor allem unsere nervliche Gesundheit unsere Geistigkeit bedingen, ohne sie deshalb zu bewirken, haben wir an Hand des Zündkerzen- und Sicherungsgleichnisses verstanden. Frankl präzisierte diese Aussage noch, indem er die Beziehung zwischen der »geistigen Person«, die jeder von uns *ist,* und dem »psychophysischen Organismus«, den jeder von uns *hat,* näher beschrieb. Seiner Meinung nach ist es eine *instrumentale* Beziehung.

Es ist die Beziehung des Harfenisten zu seiner Harfe, des Geigers zu seiner Violine, des Pianisten zu seinem Klavier, usw. Wir können die Melodie unseres Lebens ohne unser Instrument nicht spielen. Wir können sie auch nur sehr schwer und eingeschränkt spielen, wenn unser Instrument verstimmt oder beschädigt ist. Wie plagt sich doch ein Geiger, wenn eine Saite auf seiner Violine gerissen ist! Wie mag es ihn quälen, wenn keine Ersatzsaite zur Hand ist! Und wie armselig hören sich die Tonleitern, wie holprig die Läufe eines Pianisten an, wenn mehrere Hämmer seines Klaviers gebrochen sind! Wohl dem Musiker, der das Glück hat, auf einem ausgezeichneten Instrument spielen zu dürfen …

Und dennoch ist das ausgezeichnete Instrument keine Garantie für köstliche Musik. Der Stümper entlockt auch ihm nur schrille Töne, während der Künstler selbst dem beschädigten Instrument noch Harmonien abzuringen vermag. Ist es nicht ganz ähnlich in unserem Leben? Ist es nicht erstaunlich, was manche kranken oder behinderten Menschen aus ihren geringen Möglichkeiten heraus noch gestalten und leisten, während andere eine beneidenswerte Vitalität besitzen und ungenützt lassen? Der *Musiker* bestimmt letztlich die Melodien, die er seinem Instrument – in dem Zustand, in dem es sich jeweils befindet – entlockt, er steht auf einer seinem Instrument übergeordneten Seinsstufe.

Das Gleichnis enthält – zu Ende gedacht – eine ungemein tröstliche Komponente. Fragen wir uns, was geschieht, wenn ein Musikinstrument total kaputt geworden ist? Der

Melodienreigen eines Lebens verstummt, gewiss. Aber ist der Musiker, der darauf gespielt hat, deswegen »total kaputt«? Man hört ihn nicht mehr, man nimmt ihn nicht mehr wahr. Er kann sich nicht mehr (musikalisch) ausdrücken, er kann nicht mehr Kunde von sich geben. Ist er deswegen »kaputt« wie sein Instrument?

Vielleicht geht die geistige Person mit dem Absterben ihres leiblichen Instrumentes in eine Welt ein, in der sie keines Instrumentes mehr bedarf, weil alles ringsum »voller Musik« ist.

Der Baumeister und sein Material

Die Chromosomen und die in ihnen verankerten psychophysischen Anlagen sind somit bloße Mitgift; sie sind nur etwas, das einer mitbekommt: bloßes Material für den Aufbau der Existenz, Baumaterial für die geistige Person. Wiesehr sie dies sind und nicht mehr, geht eindeutig aus der Tatsache hervor, dass dieses Material unter Umständen sehr wohl auch unerwünscht sein kann …

Ganz genauso wie ein Baumeister zwar abhängig ist vom Baumaterial, aber trotz alledem frei im Gebrauch dieses Materials, so verhält es sich auch mit der geistigen Person bzw. mit deren (freiem) Verhalten »zu« den vererbten psychophysischen Anlagen. Abermals wird also unser roter Faden: das Leitmotiv einer Autonomie trotz

Dependenz – sichtbar. Gerade die Forschungsergebnisse der Erbpathologie erscheinen uns ganz darnach angetan, die Dependenz des geistigen Baumeisters und die gleichzeitige Autonomie im Gebrauch des psychophysischen Baumaterials aufzuweisen.

KOMMENTAR

Wer also bist du, o Mensch?
Ein dependentes, abhängiges Geschöpf? Eindeutig ja. Abhängig von allen Arten deiner »Mitgift«, wie den elterlichen Chromosomen plus den zahllosen weltlichen Einflüssen, denen du ein Leben lang ausgesetzt bist, seien sie erwünscht oder nicht. Armer Mensch!

Oder bist du ein autonomes, freies Geschöpf? Eindeutig ja. Denn du bist frei, aus deiner »Mitgift« zu »bauen«, was immer du willst: Gefängnis oder Sternwarte, Bordell oder Kathedrale … Begnadeter Mensch!

Du protestierst? Sei beruhigt, die Logotherapie will dich nicht in Illusionen wiegen. Es ist schwer, aus minderwertigem, dürftigem Material wertvolle Bauwerke herzustellen; entsetzlich schwer. Doch wenn du es wirklich willst, wirst du es schaffen. Diejenigen, die mit schönem, reichhaltigem Baumaterial ausgestattet sind, haben zwar enorme Startvorteile, aber das macht sie leichtsinnig und träge. Es ist auch für sie nicht einfach, denk nur an die verwöhnten Wohlstandskinder hoch technisierter Kulturen!

Du weinst? Du hast recht, das Baumaterial ist ungerecht verteilt. Wenn deines brüchig ist, hast du das nicht verdient. Wenn deines solide und fest ist, hast du das ebenso wenig verdient. Nichts hast du aus Eigenem verdient; alles, was du jemals bekommen hast, ist »Mitgift«, Zufall, Geschenk. Was du *bist,* ist anders.

Du horchst auf? Mit gutem Grund. Du bist *der Baumeister deines Lebens.* Das Material macht dir keine Vorschriften. Es zwingt dich in keinerlei Richtung. Es lässt sich von dir be- und umarbeiten. *Du* gibst ihm seine endgültige Form. Und in dieser »Endgültigkeit« wird dereinst nicht mehr zählen, was es ursprünglich gewesen ist, sondern einzig und allein, was du daraus gemacht hast, dessen sei gewiss!

WORIN DIE PSYCHOANALYSE IRRT

Was sieht ein Kanalräumer?

In Wirklichkeit ist der Mensch nicht ein von Triebhaftem getriebener, sondern er wird von Werthaftem – gezogen. Nur eine Vergewaltigung der Sprache lässt es zu, dass im Zusammenhang mit Werten von einem Getriebensein oder einem Gedrängtwerden gesprochen wird. Die Werte ziehen mich an, aber sie treiben mich nicht an. Für die Verwirklichung von Werten entscheide ich mich in Freiheit und Verantwortlichkeit, zur Verwirklichung von Werten entschließe ich mich, der Welt der Werte erschließe ich mich; aber bei alledem kann nicht von Triebhaftigkeit die Rede sein. Gewiss hat nicht nur das Seelische, sondern auch das Geistige seine Dynamik; die Dynamik des Geistigen wird aber nicht von Triebhaftigkeit, sondern von Wertstrebigkeit fundiert. In diese geistige Wertstrebigkeit geht die seelische Triebhaftigkeit, gehen die Triebe ein als »speisende« Energie.

Versuchen wir, mit Hilfe eines Gleichnisses klarzumachen, welchen Fehler die Psychoanalyse angesichts der das geistige Leben speisenden Triebenergie begeht: Was sieht ein Kanalräumer als solcher, als Kanalräumer, von der Stadt? Er sieht nichts als Rohre für Gas und Wasser sowie Kabel für elektrischen Strom. Das ist alles, was er von der Stadt sieht, solange er sich in der Welt seiner Kanäle befindet. Kennte er nicht die Universitäten, die Kirchen und Tempel, die Theater und Museen der Stadt – er wüsste nichts von ihrem kulturellen Leben. Aber all dies lernt er nur in seiner Freizeit kennen – sobald er sich in die Stadt selbst begibt; solange er sich in seinen Kanälen befindet, solange er sich im Unterbau der Stadt aufhält – ebenso lang bewegt er sich nur in der Welt der ihr kulturelles Leben speisenden Energien. Aber das kulturelle Leben besteht nicht aus Gas, Strom und Wasser.

So auch der Psychoanalytiker. Auch er sieht nur den Unterbau, nur den seelischen Unterbau des geistigen Lebens. Er sieht nur die Affektdynamik und die Triebenergetik. Aber das geistige Leben besteht nicht aus Lust und Trieb. Beide sind nicht das Eigentliche – nicht das, worauf es eigentlich ankommt.

KOMMENTAR

Als 16-jähriger Gymnasiast war Frankl ein begeisterter Anhänger von Sigmund Freud. Bald schon korrespondierte er eifrig mit dem berühmten »Meister«, und einige Zeit später schickte er ihm einen von ihm selbst verfassten Artikel, der sofort angenommen und in einer psychoanalytischen Fachzeitschrift abgedruckt wurde. Frankl war auf dem besten Wege, ein gelehriger Schüler des Altvaters der Psychoanalyse zu werden.

Aber er wurde es nicht. Im Gegenteil, er wandte sich vom berühmten »Meister« ab und – auf dem Umweg über eine kurze Gefolgschaft Alfred Adlers – eigenen Ideen zu. Was war passiert? In genialer Hellsichtigkeit erkannte Frankl bereits in jungen Jahren die Fragwürdigkeit mancher psychoanalytischer Deutungsweisen und distanzierte sich von ihnen.

Eine solche Fragwürdigkeit ist z. B. die Vorstellung, menschliches Streben werde generell von den Trieben diktiert. Dass die Triebe in Tier und Mensch für das Überleben sowie für die Weitergabe des Lebens sorgen, ist unbestritten. Dass sie mächtig sind, ist auch jedem bekannt, der jemals gehungert oder gedürstet hat. Aber dass sie auf ihr Konto buchen dürfen, was ein Mensch an schöpferischen Taten vollbracht und in welche Interessensgebiete er sich engagiert eingebracht hat, daran bestehen berechtigte Zweifel. Sind die Opfer einer Mutter für ihre Kinder bloß Befriedigungsakte ihres starken Muttertriebes? Sind die Gemälde, Symphonien oder Balladen eines Künstlers bloß Sublimierungen seines Sexualtriebes? Wollen tüchtige Sozialhelfer nur ihre Machttriebe, wollen ehrlich bemühte Politiker nur ihre Aggressionstriebe abreagieren?

»Das geistige Leben besteht nicht aus Lust und Trieb«, schrieb Frankl und erinnerte daran, dass auch unsere Großstädte nicht aus ihrem Kanalsystem bestehen, so wichtig es für sie sein mag. Wer alle menschlichen Motive aus der »Unterbodenperspektive« unbewusster Triebe deutet, der gleicht einem Kanalräumer, der über seine Arbeitswelt nicht hinausblickt. Der sozusagen das gesellschaftliche und kulturelle Geschehen vergisst, das über dem Boden, hoch über den Rohren und Abwässern, Tag für Tag pulsiert.

Gibt es den Storch?

Wir kennen die psychologistische Geisteshaltung seit Jahrzehnten, die da immer nur demaskieren will, immer nur zu entlarven vermeint, immer nur bestrebt oder bereit ist, alles Geistige und Schöpferische als »letzten Endes auch nichts anderes als bloß« Sexualität oder Machtstreben oder was immer hinzustellen; jene Forschungsrichtung, die nichts Eigentliches mehr sieht, sondern schließlich immer nur etwas, das »dahinter« stehe: Libido, Minderwertigkeitsgefühle, Geltungsstreben usf. Als ob deshalb, weil irgendwann und -wo (in kulturkritischen Zeiten oder neurotischen Fällen) irgendeine seelische Leistung oder Gestaltung Maske war oder Mittel zum Zweck, als ob sie deshalb schon niemals auch echt, ursprünglich, un-mittelbar sein könnte. Wie erinnert diese Einstellung doch an jenen Witz, demzufolge Serenissimus seinen Adjutanten einmal fragte: »Was ist denn das für ein Vogel?«, die Antwort bekam:

»Das ist ein Storch!« und daraufhin unter Lachen meinte: »Gibt es doch gar keinen!«

Weil die Gestalt des Storches da und dort auch für die Zwecke des bekannten Ammenmärchens verwendet wird, deshalb soll es auch nie wirkliche Störche geben? Weil Angst einmal auch unbewusst sexuale Gründe oder »Sicherungstendenzen« haben kann, deshalb soll es Angst schlechthin, Angst vor dem Leben oder dem Tod – oder Gewissensangst nicht geben können? Weil Kunst dem Künstler gelegentlich Flucht vor der Wirklichkeit oder vor der Geschlechtlichkeit bedeutet, deshalb soll alle Kunst wesentlich und ursprünglich nichts anderes bedeuten?

KOMMENTAR

Man merkt es obiger Textstelle an, dass Frankl kein Freund tiefenpsychologischer Wühl- und Entlarvungsarbeit war. Er leugnete zwar nicht die Möglichkeit, dass hinter Vordergründigem gelegentlich Hintergründiges stehen könne, bzw. dass sich – insbesondere dem erfahrenen Seelenarzt – manches maskiert präsentiert, das Offenheit und Direktheit scheut. Wer von uns würde schon gerne zugeben, dass er in der Schule fleißig gelernt hat – nicht aus Freude am Lernen, sondern um ein fatales Minderwertigkeitsgefühl zu kompensieren? Wer würde eingestehen, dass er Schokoladetörtchen an seine Freunde ausgeteilt hat – nicht, um ihnen zu einem Genuss zu verhelfen, sondern aus Angst, ihre Zuneigung zu verlieren? Na ja, derlei soll vorkommen, und nicht einmal selten. Die Geschichte vom Storch, der die Babys im Schnabel bringt, ist ja wohl auch mehrfach verwendet worden, zumindest zu Großmutters Zeiten.

»Gibt es deshalb keine echten Störche?«, fragte Frankl schmunzelnd. Gibt es deshalb keine *echte* Freude am Lernen, keine *echte* Freundschaft und Kameradschaft? Sind wir nur Maske und nichts als Maske über unseren »hinterhältigen« Trieben, Ängsten und Ichsüchten? Nein, so primitiv dürfen wir uns nicht einschätzen. Es *gibt* die selbstlose Liebe. Es *gibt* den ernstgemeinten Friedenswillen. Es *gibt* die Faszination von Schönem, Gutem und Wahrem. Es *gibt* die Sehnsucht, Neues zu entdecken. Es *gibt* den Glauben an Gott. Das alles gibt es und noch tausend weitere Phänomene, die keinesfalls Maske sind, sondern des Menschen Gesicht, exakt wie es ist, ohne Schminke und Puder. Wer daran kratzt, um ein vermeintliches Dahinter zu entlarven, der – schneidet ins Fleisch.

Nur 26 Buchstaben?

Nun, als Neurologe stehe ich dafür ein, dass es durchaus legitim ist, den Computer als ein Modell für unser Zentralnervensystem zu betrachten. Der

Fehler des Reduktionismus liegt erst in der Behauptung, der Mensch sei *nichts als* ein Computer. Der Mensch *ist* ein Computer; aber er ist zugleich unendlich mehr als ein Computer. Dass sich die Werke eines Kant und eines Goethe letzten Endes aus denselben 26 Buchstaben des Alphabets zusammensetzen wie die Bücher der Courths-Mahler und der Marlitt, ist ja ebenfalls richtig. Aber darum ist es noch lange nicht wichtig. Vor allem lässt sich nicht sagen, die »Kritik der reinen Vernunft« sei ebenso wie »Das Geheimnis der alten Mamsell« nichts als eine Anhäufung ein und derselben 26 Lettern. Es wäre denn, wir besitzen eine Druckerei und nicht einen Verlag.

KOMMENTAR

Der Reduktionismus ist eine nihilistische Entwertungstendenz höchsten Grades, und sein Superslogan lautet: »nichts als ...«

Vor Jahren hat sich eine Kindergärtnerin beim Spaziergang mit ihrer »Zwergerlschar« zwischen ein unkontrolliert heranbrausendes Auto und ein auf der Straße trödelndes Kind geworfen. Sie wurde schwer verletzt, das Kind blieb heil. Der Reduktionismus sagt dazu: »Nichts als Helfer-Syndrom!«

In einer Firma erkrankte die Frau eines Angestellten kurz nach der Entbindung schwer und musste operiert werden. Ein Kollege des Angestellten sammelte in der Firma genügend Geld, damit der frischgebackene Vater einen 3monatigen unbezahlten Urlaub zu Hause nehmen konnte. Der Reduktionismus sagt dazu: »Nichts als Wichtigtuerei!«

Ein Mann entschließt sich nach eingehender Prüfung seiner selbst zum anspruchsvollen Priesterberuf. Der Reduktionismus sagt dazu: »Nichts als Angst vor dem weiblichen Geschlecht!«

Zwei mutige Männer umkreisen die Erde in einem kompliziert umgerüsteten Ballon. Der Reduktionismus sagt dazu: »Nichts als verkappte Homosexualität!«

Hand aufs Herz: Ist er ein sympathischer Geselle, der Reduktionismus? In der Logotherapie finden wir ihn eher widerlich. Deshalb ist es nicht zu verwundern, dass Frankl, der ein leidenschaftlicher Leser war, ihn mit dem Gleichnis vom Alphabet karikierte. Demnach ist auch ein Buch »nichts anderes als« die Ansammlung von immer denselben 26 Buchstaben in Kombinationen. Oder ist es doch mehr?

Nur ein Skelett?

Freud sah richtig, aber er sah nicht alles, sondern er verallgemeinerte bloß, was er gesehen hatte. Ein Röntgenologe sieht auch richtig, wenn er – im Rahmen seines Schirmbildes – den Menschen so sieht, als ob es sich nicht um einen Menschen, sondern nur um das Skelett eines Menschen handeln würde. Aber keinem Röntgenologen würde es einfallen, zu behaupten, der Mensch bestehe nur aus Knochen. Sondern er wird sich sagen: Im Röntgenbild sehe ich zwar nur Knochen, aber in Wirklichkeit gibt es auch andere Gewebe. Ja, es gilt sogar mehr als dies, es gilt nämlich folgendes: Wann immer beim lebenden Menschen ein Knochen außerhalb des Röntgenbildes zum Vorschein kommt, ist dieser Mensch auch schon nicht mehr heil, sondern es handelt sich um einen offenen Knochenbruch.

Nun, ähnlich steht es mit der Psychoanalyse: Der Mensch hat Triebe; aber wann immer desintegrierte Triebhaftigkeit beim Menschen zutage tritt, ist der Mensch ebenfalls nicht mehr heil, sondern es handelt sich hierbei bereits um einen Sonderfall, um den Fall eines Menschen, der sich – wie schon die Sprache verrät – von seinen Trieben treiben lässt. Von diesem Sonderfall her dürfte man aber niemals ein Menschenbild zu konstruieren wagen oder gar, wie Freud es getan hat, von der Triebhaftigkeit her die gesamte menschliche Kultur erklären wollen.

KOMMENTAR

Wir können den Reduktionismus einen Nihilismus nennen, denn das »Nichts«, nämlich das »nichts als«, ist ja seine Domäne. Dem gegenüber war für Frankl das »Sein« von Bedeutung, nämlich das »mehr sein als«.

Der Mensch *ist mehr als* seine Triebe, wie der menschliche Körper *mehr ist als* ein Skelett. Der Mensch ist *mehr* als seine Krankheiten, seine Schwächen, sein Werdegang, sein Bildungsniveau, sein gegenwärtiger Zustand. Er ist *mehr* als bloßes Mitglied einer Rasse, Nation oder sozialen Kategorie. Er ist *mehr* als man ihm zutraut und *mehr* als man von ihm weiß.

Frankl war durchdrungen von der Ehrfurcht vor allen Menschen, sogar den debilen, senilen oder dementen. Der Satz des Röntgenologen: »Ich sehe nur Knochen, aber in Wirklichkeit gibt es auch anderes Gewebe«, passt ideal zu der Gesinnung, mit der Frankl zeitlebens seinen Patienten und Studenten begegnet ist. Er war ein exzellenter Diagnostiker und dennoch klug genug, zu wissen, dass sich das innerste Wesen eines Menschen jedweder Diagnostik entzieht und stets voller Überraschungen ist, unerfassbar und unbeschreiblich.

Wie selten findet man eine solche Zurückhaltung in der »Klassifizierung« von Menschen! Wie selten die Weisheit, dass bei jeder plumpen Form von »Schubladendenken« das »Mehr-Sein« des Klassifizierten auf der Strecke bleibt, obwohl es exakt dessen individuelle Eigenart und Würde ausmacht!

Der Fluss und das Kraftwerk

Wie kann ich überhaupt sublimieren? Wir wissen nunmehr zur Genüge: Von der Psychoanalyse wird nur die Triebhaftigkeit gesehen, aber nicht auch die Wertstrebigkeit. Damit aber werden Dinge wie Sublimierung oder Verdrängung auch schon unverständlich, und die Frage nach der Möglichkeit der Sublimierung wird unbeantwortet. Denn sie würde letztlich in die allgemeiner gehaltene, weitergehende Frage ausmünden: Wer verdrängt wen? (Ich-)Triebe die (Es-Triebe)? Diese Antwort wäre keine Antwort; mit ihr würden wir dorthin gelangen, wo die Psychoanalyse tatsächlich gelandet ist, nämlich bei der Konzeption eines vom Es genetisch abgeleiteten Ich, das sich selbst aus »Ichtrieben« aufbaut. Allein, diese Konzeption stellt eine in sich selbst widerspruchsvolle Konstruktion dar.

Aber nicht nur genetisch, sondern auch dynamisch bedeutet diese Konzeption einen inneren Widerspruch. Niemals kann Triebhaftes von sich aus anderes Triebhaftes dazu zwingen, dass es sich wandle und sich andere Triebobjekte und -ziele setze. Es ist also keineswegs so, dass Triebhaftes sich in Werthaftes umsetzen kann, um als solches die Triebhaftigkeit zu zähmen. *Oder hat man je gehört, dass ein Fluss sich selbst das Kraftwerk gebaut hat?*

Es war nicht nur Antipathie gegen das reduktionistische »nichts als« und Sympathie für ein »mehr als«, das Frankl in Hinblick auf manche psychoanalytischen Deutungsweisen wie etwa die Freudschen Theorien von der Trieb-Sublimierung oder von der Trieb-Verdrängung sensibilisiert hat. Auch seine Neigung zu logischen Überlegungen revoltierte dagegen.

Wer oder was im Menschen bestimmt, ob eine Triebenergie sublimiert wird oder nicht? Wer oder was bestimmt, ob ein Triebgefühl verdrängt wird oder nicht? Bestimmen die Energien des Menschen, wofür sie verwendet werden? Bestimmen die Gefühle des Menschen, ob sie zugelassen werden? Welch eine seltsame Automatik wäre dies! Alles geschähe über unsere Köpfe hinweg und ganz ohne unser Zutun, als wären wir lebendige Marionetten, an deren Schicksalsfäden psychodynamische Kräfte launisch ziehen. Unsere Mündigkeit, unsere Verantwortung wären dahin.

Angenommen, jemand ärgert sich über die Gemeinheit einer anderen Person und verspürt in sich den heftigen Drang, jenem anderen den Hals umzudrehen. Ist dieser jemand ein Raubtier? Dann wird er ohne Zögern angreifen. Ist er ein Mensch? Dann – *wird er eine Wahl haben*. Listen wir einige Wahlvariationen auf:

1. Er kann den anderen angreifen.
2. Er kann den anderen fragen, was ihn zu dieser Gemeinheit veranlasst hat.
3. Er kann den Kontakt mit dem anderen abbrechen.
4. Er kann dem anderen großzügig verzeihen.
5. Er kann sich an einen Mediator oder Vorgesetzten wenden.
6. Er kann nachdenken, ob er vielleicht den anderen zuvor provoziert hat.
7. Er kann über die »böse Welt« schimpfen.
8. Er kann über die Angelegenheit lachen und sie als unwichtig einstufen.
9. Er kann sich betrinken oder Beruhigungspillen schlucken.
10. Er kann seine Wut gegen Unbeteiligte richten.
11. Er kann seinen Ärger unterdrücken bzw. verdrängen und tun, als wäre nichts geschehen.
12. Er kann seinen Aggressionsdrang sublimieren, indem er eine Radtour unternimmt, den Keller schrubbt, einen Tagebucheintrag vornimmt, und ähnliches mehr.

Dem Ausphantasieren weiterer Wahlvariationen sind keine Grenzen gesetzt. *Der Mensch ist das Wesen, das wählen kann.* Psychische Phänomene wie Trieb-Abreaktion, Trieb-Verdrängung, Trieb-Sublimierung etc. gibt es zwar im menschlichen Leben, aber sie kommen nur zum Zuge, wenn sie *gewählt* werden, vom »Träger der Triebe« höchstpersönlich gewählt werden. Sie wählen sich nicht selbst, wie der Fluss sich nicht sein Kraftwerk baut.

Allerdings ist das jeweilige Wahl-Soll des Menschen nicht »in der Beliebigkeit schwirrend«. Es existieren ethische und prophetische Vorgaben und Vorbilder dafür, sozusagen divine Haltegriffe, in denen das jeweilige Wahl-Soll verankert ist, ähnlich, wie auch Kraftwerke nach bestimmten Bauplänen errichtet werden sollen und nicht »irgendwie«. Darüber belehrt uns das nächste Franklsche Gleichnis.

Der Seiltrick des Fakirs

Und wenn Jean-Paul Sartre den Menschen frei nennt und von ihm verlangt, dass er wähle, dass er sich selbst erfinde, dass der Mensch den Menschen »entwerfe«, und wenn Sartre dabei meint, der Mensch könne sich selbst erfinden, ohne hierbei ein vorgegebenes Vorbild vorzufinden, ohne dass ihm hierbei also etwas von einer wesentlich außermenschlichen Region her entgegenkomme, dann müssen wir fragen: Gliche solches Beginnen nicht dem indischen Seiltrick? Bei diesem Trick will der Fakir glauben machen, am Seil, das er in die Luft werfe, könne ein Knabe emporklettern. Genauso entwirft der Mensch nach Sartre sein Seinsollen ins Nichts – ohne dass ihm von irgendwoher ein Halt geboten würde – und glaubt, er könne sich an diesem Entwurf emporarbeiten, emporentwickeln.

Wir sehen: Das ist nichts anderes als ontologisierte Psychoanalyse, als eine Ontologisierung der psychoanalytischen Überich-Theorie. Was die Psychoanalyse behauptet, ist nicht mehr und nicht weniger als folgendes:

Das Ich zieht sich selbst am Schopf des Über-Ich aus dem Sumpf des Es.

KOMMENTAR

Wiederum ist es das leere Nichts, dem Frankl hier eine entschiedene Absage erteilte. Das Lebensseil, an dem wir uns empor winden und empor entwickeln, ist nicht in die Luft geworfen. Es ist kein simpler Trick, der uns vorgaukelt, das Seil hielte uns und trüge uns nach oben. Nein, »es kommt uns etwas von einer wesentlich außermenschlichen Region her entgegen«, so Frankl, in das wir uns einklinken können, das uns im Sein hält und trägt. Etwas von höherer Art als das normenhörige Überich, das bloß übernommene Moralgesetze tradiert.

Wie es nicht die Triebe sind, die die Triebe zähmen, so ist es nicht der Mensch, der den Menschen erschafft. Es ist die jeweils höhere Instanz, die der niedrigeren gebietet, die die niedrigere geleitet: Der Mensch gebietet den Trieben … Gott geleitet die Menschen …

Die Psychoanalyse klammert beides aus. Doch genau da irrt sie.

DIE EINZIGARTIGE PERSON

Ein Würfelspiel

Das Sosein eines Kindes ist absolut unvorhersehbar und in diesem Sinne absolut kontingent. Das Sosein eines Kindes ist eines von Zufalls gnaden, von gnaden eines Würfelspiels des Schicksals; denn selbst die von Mendel aufgestellten Erbgesetze sind solche »der großen Zahl«, entsprechen daher durchaus einer bloßen Wahrscheinlichkeitsrechnung. Damit ist aber auch schon gesagt, dass sie nicht auf den Einzelfall anwendbar sind und das Sosein eines Kindes im einzelnen Falle unberechenbar bleibt …

Es war vom Würfelspiel die Rede, von dessen gnaden das Sosein eines Kindes bestimmt sei. Die Würfel in diesem Spiele fallen nun im Augenblick der Empfängnis; den »Augen« dieser Würfel entsprechen die Chromosomen. Ihrer sind im Falle des Menschen mehr als beim Würfelspiel, mehr als 21. Ja, nach einer Berechnung vermögen die Eltern bei einer einzigen Zeugung grundsätzlich 281 Billionen – verschiedener – Kinder zu zeugen. Allein, worauf es uns in diesem Zusammenhang ankommt, ist folgendes:

Die Eltern geben bei der Zeugung eines Kindes die Chromosomen her – aber sie hauchen nicht den Geist ein. Die Chromosomen bestimmen einzig und allein das Psychophysikum, aber nicht den Geist; sie bestimmen jeweils den psychophysischen Organismus, aber nicht die geistige Person. Mit einem Wort: Durch die überkommenen, von den Eltern her übernommenen Chromosomen wird der Mensch nur darin bestimmt, was er »hat«, aber nicht darin, was er »ist«.

KOMMENTAR

Wir alle verdanken unser Dasein dem Zufall, dass es beim Liebesakt unserer Eltern mit unserer Zeugung »geklappt« hat. Aber auch unser Sosein ist eines von Zufalls gnaden, wie wir soeben vernommen haben. Bei unserer Zeugung hätten 281 Billionen verschiedene Menschlein entstehen können. Die Wahrscheinlichkeit, dass ausgerechnet *wir* (und nicht unsere potentiellen Geschwister) entstehen würden, stand also bei jedem von uns etwa 1:281 Billionen. Na, da können wir uns noch nachträglich gratulieren, dass die Würfel für *uns* gefallen sind, nicht wahr? Es wäre doch schade gewesen, wenn wir niemals das Licht der Welt erblickt hätten! Es ist zwar eine – mitten im Licht – überschattete Welt, in die wir hineingeboren worden sind, aber dennoch ist sie es wert, erlebt und mitgestaltet zu werden.

Bisher war von unserem Dasein und unserem Sosein die Rede, doch eines fehlt noch: unser geistiges *Personsein*. Frankl war überzeugt, dass die Person, die jeder von uns »ist«, nicht Geist vom Geist ihrer Eltern ist. Was hat ihn in dieser Überzeugung bestärkt? Nun, zum einen die nachweisbare Tatsache, dass Geschwister einander sehr unähnlich sein können, und auch zu ihren Eltern sehr unterschiedliche Positionen beziehen können. So treffen zum Beispiel selbst eineiige Zwillinge (mit identischem Chromosomensatz!) manchmal erstaunlich differente Grundsatzentscheidungen in wichtigen Lebensfragen. Zum anderen sah Frankl genügend oft bei Patienten mit pathologischen Erbanlagen, dass sie sich diesen nicht beugen mussten, sondern mit Hilfe ihrer »Trotzmacht des Geistes« (Frankl) innerlich ein Stück davon abzurücken vermochten. Das wäre gar nicht möglich, wenn ihre geistigen Kräfte zu jenen Erbanlagen mit dazu gehören würden.

»Jede Person ist ganz neu, einzigartig und einmalig«, wurde Frankl nicht müde, zu betonen. Was sie »hat«, wird von puren Zufällen ausgewürfelt. Was sie »ist«, wird ihr in einem Wunder geschenkt.

Schlag auf den Mund

Heute dürfen wir keineswegs auf dem Standpunkt beharren, in der Psychotherapie komme es auf Bewusstwerdung um jeden Preis an; denn nur vorübergehend hat der Psychotherapeut etwas bewusstzumachen. Er hat Unbewusstes – und so auch geistig Unbewusstes – nur bewusstzumachen, um es schließlich wieder unbewusst werden zu lassen; er hat eine unbewusste Potentia in einen bewussten Actus überzuführen – zu keinem anderen Zwecke jedoch, als um schließlich einen wieder unbewussten Habitus herzustellen: *Der Psychotherapeut hat die Selbstverständlichkeit unbewusster Vollzüge schließlich wiederherzustellen.*

So gilt es in der Psychotherapie vielfach, etwas unbewusst bleiben oder wieder unbewusst werden zu lassen. Wir verstehen aber auch, dass das Wieder-unbewusst-Werden, das Vergessen, einen wesentlichen Schutzmechanismus darstellt, und wir begreifen die tiefe Weisheit, die aus einer Legende des Talmud spricht, der zufolge jedes neugeborene Kind, sobald es zur Welt kommt, von einem Engel einen Schlag auf seinen Mund bekommt, woraufhin es sofort vergisst, was es vorgeburtlich gelernt und gesehen hat. In Anbetracht dessen, dass wir diese platonische »Amnesie« als einen Schutzmechanismus ansehen müssen, können wir den talmudischen Engel einen Schutzengel nennen.

KOMMENTAR

Nach alter Überlieferung wacht über jedem Kind ein Schutzengel. Normalerweise versteht man darunter eine Behütung in Gefahrenmomenten. Frankl bot uns im obigen Gleichnis eine verblüffend andere Interpretation an. Der »talmudische Schutzengel« sorgt dafür, dass jedes Kind zu Beginn seiner Erdenwanderung vorgeburtliche Erinnerungen vergisst. Offenbar ist es gut für ein Kind, sie zu vergessen, ist es ein Schutz für ein Kind, unbelastet von »Herkunftsnachwehen« seinen Lebensweg starten zu können.

Wir wissen nicht genau, an welche Erinnerungen Frankl bei dieser Textstelle gedacht hat. Meinte er psychisch unbewusste Erinnerungen des Babys an Ersteindrücke im Mutterleib? Dachte er an Aufregungen der Mutter, an Stöße, an schrille Worte, an Schluchzen, an frühe Ablehnungen des werdenden Lebens und dergleichen Altlasten? Diesbezüglich wäre jedem Kind wahrhaftig eine Daueramnesie zu wünschen. Oder meinte er geistig unbewusste Erinnerungen der Person an ihre spirituelle Heimat, aus der sie stammt und in die sie dereinst wieder zurückkehren wird? Dachte er an eine metaphysische »Schau« von solcher Überwältigungskraft, dass sie nicht für irdische Augen taugt? Auch diesbezüglich scheint ein naiver, »kreatürlicher« Anfang für jedes Kind wünschenswert.

Auf jeden Fall ist an dem Gleichnis folgendes bemerkenswert: Unbewusste Vollzüge werden als *heilsam* deklariert. Nicht einmal zu psychotherapeutischen Zwecken ist es immer ratsam, Unbewusstes aufzudecken, geschweige denn, es im Bewusstsein der Menschen zu etablieren. Auch der Psychotherapeut soll ja für seine Patienten ein kleiner »Schutzengel« sein, und deshalb empfiehlt es sich, dass auch er den einen oder anderen »Schlag auf den Mund« austeilt – natürlich nur sehr zart und symbolisch. Denn wer zeitlebens alle seine Erinnerungen mit sich herumschleppen würde, die grässlichen wie die überwältigenden, der käme nicht mehr vom Fleck. Doch zum »Sitzenbleiben« ist er nicht geboren ...

Wagentyp und Fabrikmarke

Wertet man einen Menschen als Typus, dann braucht man sich mit dem Einzelfall gar nicht erst abzugeben, und dies ist sehr bequem. Ebenso bequem wie etwa die Bewertung eines Motors nach seiner Fabrikmarke oder seinem Konstruktionstypus. Fährt jemand einen bestimmten Wagentyp, dann weiß man, woran er ist. Kennt man die Marke einer Schreibmaschine, dann weiß man auch, was man von ihr zu erwarten hat. Selbst auf Hunderassen kann man sich noch verlassen: Bei einem Pudel werden wir gewisse Neigungen und Charaktereigenschaften voraussetzen und bei einem Wolfshund wieder andere.

Nur beim Menschen ist dies anders. Nur der Mensch ist durch seine Zugehörigkeit zu irgendeinem Typus nicht bestimmt, aus ihr nicht zu berechnen; diese Rechnung würde nämlich niemals aufgehen – immer würde ein Rest übrigbleiben.

Dieser Rest entspricht der Freiheit des Menschen, sich den Bedingtheiten durch einen Typus zu entziehen. Als Gegenstand sittlicher Beurteilung fängt der Mensch als solcher dort überhaupt erst an, wo er die Freiheit hat, sich der Gebundenheit an einen Typus entgegenzustellen. Denn erst dort ist sein Sein – Verantwortlichsein, erst dort »ist« der Mensch eigentlich, oder: Erst dort ist der Mensch »eigentlich«. – *Je genormter eine Maschine ist, umso besser ist sie, je genormter jedoch ein Mensch – je mehr er in seinem (Rassen-, Klassen-, oder Charakter-)Typus aufgeht und einer Durchschnittsnorm entspricht –, umso abtrünniger ist er der ethischen Norm.*

KOMMENTAR

Im Gleichnis vom Würfelspiel haben wir die Überzeugung Frankls vernommen, dass die geistige Person nicht der im elterlichen Zeugungsakt »gewürfelten« Chromosomenmischung entspringt, sondern auf wunderbare Weise »dazu tritt«, und deswegen keine Kopie oder Kombination ihrer Eltern darstellt, sondern eine absolute Novität.

Als solche lässt sie sich nicht einem bestimmten Typus zuordnen. In der Psychologie sind bislang an die fünfzig Charaktertypologien entworfen worden, die berühmtesten darunter von Sigmund Freud, C. G. Jung, Hermann Rorschach, Ernst Kretschmer, Eduard Spranger, David Riesmann und Theodor W. Adorno. Zum Ende des vorigen Jahrhunderts wurde als »letzter Modeschrei« das Enneagramm populär. Daneben erfreut sich die parapsychologische Sternzeichentypologie nach wie vor ungebrochener Beliebtheit.

Frankl hingegen war kein Freund solcher Charaktertypologien. Obwohl die seriösen unter ihnen zutreffende Elemente enthalten mögen, ist es aus logotherapeutischer Sicht problematisch, Einzelpersonen mit einem gewissen Typus zu identifizieren. Es wird dabei die Fähigkeit jener Personen übersehen, sich der Gebundenheit an ihren Charakter zu entziehen und über sich selbst und ihre Anlagen hinauszuwachsen.

Darauf aber kommt es einzig und allein an: Ob sich einer auf seiner Veranlagung bequem »ausruht«, oder ob er mit ihr »wuchert«, sie »bändigt«, und das Bestmögliche aus ihr herausholt. Das Bestmögliche – *das* ist seine ethische Norm, sonst nichts!

Mehrzellige Lebewesen

Und nun zur Frage des Sinnes unserer Unvollkommenheit und je unserer Einseitigkeiten: Vergessen wir doch nicht, dass jeder einzelne Mensch zwar unvollkommen ist, aber jeder unvollkommen in einer anderen Weise – jeder »in seiner Art«. Und so unvollkommen, wie er es ist, ist es nur er. So wird er, positiv ausgedrückt, irgendwie unersetzlich, unvertretbar, unaustauschbar.

Hierzu bietet sich uns aus der Welt des Biologischen ein recht passendes Modell an: Ursprünglich in der Entwicklung der Lebewesen sind die Zellen bekanntlich »zu allem fähig« – eine »primitive« Zelle kann alles, sie kann fressen, sich bewegen, sich fortpflanzen, ihre Umgebung irgendwie »empfinden« usw., und erst im Gefolge der langen Entwicklung zu höheren organismischen Zellverbänden wird die Einzelzelle spezialisiert, so dass sie schließlich nur zu einer einzigen Funktion taugt – gemäß dem Prinzip der fortschreitenden Arbeitsteilung innerhalb des gesamten Organismus; um den Preis der ursprünglichen »Vollkommenheit« ihrer Fähigkeiten hat sie sich dann aber eine relative funktionelle Unersetzlichkeit erkauft! So kann beispielsweise eine Zelle der Netzhaut des Auges nicht mehr fressen, nicht mehr sich bewegen, nicht mehr sich fortpflanzen; aber das eine, was sie kann: sehen – das kann sie nun in außergewöhnlichem Maße, und in dieser ihrer spezifischen Funktion ist sie unvertretbar geworden: Sie ist etwa durch eine Zelle der Haut, eine Muskelzelle oder eine Keimzelle keineswegs mehr vertretbar.

KOMMENTAR

Wir sprachen von unserer je eigenen ethischen Norm: Dem Bestmöglichen, das aus unserem Charakter herauszuholen ist. Wir müssen aber zugeben, dass es uns selten gelingt, dieses Bestmögliche zielstrebig zu erreichen.

Gewöhnlich bleiben wir mit unseren guten Vorsätzen auf halber Strecke stecken, machen neue Anläufe, drehen uns mehrmals im Kreis, rutschen in finsteren Tagen um etliche Etappen zurück, reißen uns zusammen, holen wieder Schwung, und so fort. Wir sind unvollkommene und einseitige Wesen.

Frankl sah darin keinen »Minderungsgrund« unserer Wesensart. Im Gegenteil: Er drehte den Perspektivenspieß um und erachtete unsere Unvollkommenheit als Voraussetzung unserer Unvertretbarkeit und Unaustauschbarkeit. Würden alle Menschen alles können, wären sie alle gleich. Wären sie alle gleich, könnte jeder durch jeden ausgetauscht und ersetzt werden. Ob der eine alles kann, oder der andere, ist schließlich egal, Hauptsache, alles wird gekonnt. Aber so ist es eben nicht in der menschlichen Gemeinschaft. Dank unserer Unvollkommenheit kann der eine bloß X gut, der andere mit Müh' und Not Y, und ein dritter bringt gerade noch Z zustande. Also kann auf keinen verzichtet werden.

Das Gleichnis von den organismischen Zellverbänden leuchtet sehr ein. Die Zelle der Netzhaut des Auges kann praktisch nichts außer: sehen. Doch wie unersetzlich ist sie dabei! Lernen wir daraus, zu unseren Schwächen zu stehen und unsere Stärken zum Wohle der menschlichen Gemeinschaft einzubringen. Dann wird sich ein Platz für uns auftun, den niemand so ausfüllen kann, wie wir, und der unbesetzt bleiben muss, wenn wir einmal dahingegangen sind.

WIE VIEL FREIHEIT HABEN WIR?

Der Boden als Sprungbrett

Das Schicksal gehört zum Menschen wie der Boden, an den ihn die Schwerkraft fesselt, ohne die aber das Gehen unmöglich wäre. Zu unserem Schicksal haben wir zu stehen wie zu dem Boden, auf dem wir stehen – ein Boden, der das Sprungbrett für unsere Freiheit ist.

Freiheit ohne Schicksal ist unmöglich; Freiheit kann nur die Freiheit gegenüber einem Schicksal sein, ein freies Sich-verhalten zum Schicksal. Wohl ist der Mensch frei, aber er ist nicht gleichsam frei schwebend im luftleeren Raum, sondern findet sich inmitten einer Fülle von Bindungen. Diese Bindungen sind jedoch die Angriffspunkte für seine Freiheit. Freiheit setzt Bindungen voraus, ist auf Bindungen angewiesen. Aber diese Angewiesenheit bedeutet keine Abhängigkeit.

Der Boden, auf dem der Mensch geht, wird im Gehen jeweils auch schon transzendiert und ist ihm Boden letztlich eben nur soweit, als er transzendiert wird, Absprungbasis ist. Wollte man den Menschen definieren, dann müsste man ihn bestimmen als jenes Wesen, das sich je auch schon frei macht von dem, wodurch es bestimmt ist; jenes Wesen also, das alle diese Bestimmtheiten transzendiert, indem es sie überwindet oder gestaltet, aber auch noch während es sich ihnen unterwirft.

Die Metapher des »Gehens« ist ein ungeheuer passendes Sinnbild für die Spanne zwischen Geburt und Tod. Nicht umsonst spricht man von Lebenswegen und Lebensläufen. »Gehen« findet auf Böden statt, die uns auf Grund der Erdgravitation an sich fesseln. Wer stürzt, stürzt zu Boden und nicht zum Himmel. Wer sich aufkniet, kniet am Boden und nicht am Himmel. Der *Boden* ist es mit seinem Staub, aus dem wir uns erheben und in den wir wieder zurücksinken. Selbst der biblische Lehmbrocken, dem »der Geist eingehaucht worden ist«, war ein Stück Boden.

Wir sind also an den Boden gefesselt, genauso, wie wir an unser Schicksal ausgeliefert sind, aus dem es kein Entrinnen gibt. Trotzdem »überlisten« wir den uns fesselnden Boden bei jedem Schritt, den wir zeitlebens tun. Denn bei jedem Schritt lösen wir einen Fuß vom Boden, und wenn auch nur für kurze Zeit, so doch lang genug, um ihn anderswo aufzusetzen, als er vorher stand. Gewiss, der Fuß muss zwingend zum Boden zurück, aber nicht zum selben Boden; er kann »wandern«, und wir wandern mit ihm. *Das* ist das »So viel« unserer menschlichen Freiheit.

Frankl hat die Schicksalsmächte und die Fülle von Bindungen, in denen wir uns befinden, als »Absprungbasis« für unsere Freiheit bezeichnet – ein faszinierender Ausdruck!

Wenn wir Freiheit auf solche Weise verstehen, können wir uns mit den Fesseln unserer Erdschwere leicht aussöhnen.

Einen Roman schreiben

Wir weisen den Kranken an, sich vorzustellen, sein Lebensablauf wäre ein Roman und er selbst eine entsprechende Hauptfigur; es läge dann aber ganz in seiner Hand, den Fortgang des Geschehens von sich aus zu lenken, sozusagen zu bestimmen, was im nächsten Kapitel zu folgen hat. Dann wird er statt der scheinbaren Last der Verantwortung, die er scheut und vor der er flüchtet, seine wesenhafte Verantwortlichkeit im Dasein als Freiheit der Entscheidung gegenüber einer Unzahl von Möglichkeiten des Handelns erleben.

Noch intensiver können wir schließlich an den persönlichen Einsatz seiner Aktivität appellieren, wenn wir ihn dazu auffordern, sich vorzustellen, er sei an einem Endpunkt seines Lebens angelangt und im Begriffe, seine eigene Biographie zu verfassen; und eben jetzt halte er gerade bei jenem Kapitel, das von der Gegenwart handelt; und es liege nun, wie durch ein Wunder, ganz in seiner Hand, Korrekturen vorzunehmen; er dürfe gerade noch das, was unmittelbar darauf geschehen sollte, ganz frei bestimmen ... Auch das Vehikel dieses Gleichnisses wird ihn zwingen, aus dem vollen Gefühl seiner Verantwortlichkeit heraus zu leben und zu handeln.

Die Metapher des »Gehens« wird noch von der Metapher des »Schreibens« übertroffen. Darin bildet sich die Interimsspanne zwischen Geburt und Tod als ein Roman ab, der – wie jeder Roman – mit einer ersten Seite beginnt, und mit einer letzten endet. Dazwischen liegen die Kapitel unserer einzelnen Lebensabschnitte. Auch hier sind wir nicht die Alleinautoren unserer Biographie, sondern höchstens Koautoren, denn das Schicksal mischt munter mit. Ja, man könnte sogar sagen, es setzt die Überschriften über die jeweiligen Kapitel, und wir sind die Aufsatz schreibenden Schüler, die dann die vorgegebenen Themen »richtig« abhandeln oder verfehlen.

Frankl verwendete diese Metapher mit der Absicht, Patienten zum Bewusstsein ihrer persönlichen Freiheit und Verantwortung zu stimulieren. Zu diesem Zweck bediente er sich der sogenannten »Als-ob-Methode«: eines Ausflugs in den Konjunktiv. Die Patienten mögen sich vorstellen, sie seien bereits am Endpunkt ihres Lebens, das heißt, auf der letzten Seite ihres Romans angelangt. Doch wie durch ein Wunder dürfen sie in dem Kapitel, das von der Gegenwart handelt, noch nachträglich Korrekturen anbringen. Sie dürfen rückblickend noch einmal ganz frei bestimmen, was darin stehen soll …

Es ist ein Gleichnis, das »unter die Haut geht«. Denn jeder ist sich klar darüber, dass diese Vorstellung niemals realisierbar ist. Kein gelebtes Kapitel unseres Romans kann mehr umgeschrieben werden. Sind wir einmal wirklich auf der letzten Seite angelangt, schließt sich das »Buch der Wahrheit über uns« endgültig, und keine Hand radiert das Geschriebene mehr aus. Umso bedenkenswerter sind demnach die Einträge, die wir *jetzt*, im Kapitel der Gegenwart, vornehmen. Was wir heute entscheiden, ist morgen schon unkorrigierbar geworden. Es ist für ewig entschieden.

Gespräch im Schützengraben

Die Freiheit des Menschen schließt dessen Freiheit in sich ein, zu sich selbst Stellung zu nehmen, sich selbst gegenüberzutreten und sich zu diesem Zwecke zunächst einmal von sich selbst zu distanzieren. Für gewöhnlich veranschauliche ich diese wesentliche Fähigkeit zur Selbst-Distanzierung anhand einer Anekdote:

Während des Ersten Weltkriegs saß ein jüdischer Militärarzt mit seinem Freund, einem aristokratischen Oberst, im Schützengraben, als ein heftiges Bombardement einsetzte. Ihn hänselnd fragte der Oberst: »Jetzt haben Sie aber Angst, nicht wahr? Da sieht man wieder einmal, wie sehr die arische Rasse der semitischen überlegen ist.« Woraufhin der Militärarzt antwortete: »Sicher habe ich Angst. Aber warum sprechen Sie von der Überlegenheit der einen Rasse gegenüber der anderen? Wenn Sie, lieber Oberst, so viel Angst hätten wie ich, wären Sie vielleicht schon längst auf und davon gelaufen.«

Worauf es ankommt, ist nämlich tatsächlich nicht die Angst oder was für Gefühle immer wir gerade haben mögen, vielmehr einzig und allein, wie wir zu ihnen Stellung nehmen, also unsere Einstellung. Diese Einstellung jedoch ist jeweils eine eben frei gewählte.

KOMMENTAR

Die menschliche Freiheit ist nicht nur eine »den Boden des Schicksals transzendierende«. Sie ist nicht nur eine »sich ausschließlich im Kapitel der Gegenwart befindliche«. Sie ist auch eine Freiheit des Menschen *sich selbst gegenüber*.

In dieser Hinsicht kann sie – im Unterschied zum »Romanbild« – tatsächlich etwas nachträglich korrigieren. Sie kann nämlich zum Korrektiv eines psychischen Phänomens werden, ohne dass das Phänomen deswegen ausgeschaltet würde.

Die Anekdote, mit der Frankl diesen Sachverhalt veranschaulichen wollte, entstammt keiner rühmlichen Ära mitteleuropäischer Kultur. Nur der Humor umhüllt die schärfsten Spitzen gegen die Humanität ... Zwei

Männer im Schützengraben bangen um ihr Leben, der eine mehr als der andere. Zumindest gibt der eine seine Angst zu, was allein schon eine ziemliche Portion Mut beweist. Aber der eigentliche Mut des Militärarztes aus der Anekdote zeigt sich darin, dass er *trotz seiner großen Angst* auf seinem Platz ausharrt. Er kneift nicht, er flüchtet nicht, er gerät nicht in Panik, er bricht nicht zusammen, er brennt nicht aus, er dreht nicht durch. Nein, er plaudert mit seinem Freund. Obwohl er nicht frei von Angstgefühlen ist, ist er dennoch frei, zu wählen, wie er sich zu ihnen einstellt und was er mitsamt ihnen unternimmt oder unterlässt. Auch *das* ist ein »So viel« unserer Freiheit.

Lernen wir daraus, dass echte menschliche Leistungen nicht darin bestehen, keine Hemmnisse, Schwächen oder Versagenserlebnisse zu kennen, sondern darin, trotz Hemmnissen, Schwächen oder Versagenserlebnissen das Leben heroisch zu meistern. Denn echte menschliche Leistungen bemessen sich immer in Relation zu den Bedingungen, unter denen sie erbracht werden. Je schwieriger, je misslicher diese Bedingungen sind, desto mehr »Freiheit gegenüber sich selbst« muss jeweils mobilisiert werden, und desto beachtlicher fallen dann »Trotzdem-Leistungen« aus.

Von der Brücke springen?

Die Verwirklichung aller Werte, jede Leistung, setzt aber auch voraus, dass eine Entscheidung vorausgegangen ist. Nun stellt man sich im Allgemeinen vor, dass diese Entscheidung nicht nur eine willentliche, sondern auch eine wissentliche sei. Demgegenüber halten wir jedoch dafür, dass es auch unbewusste Entscheidungen gibt. Als unbewusst wären solche Entscheidungen zumindest in dem Sinne zu bezeichnen, dass sie – in ihrem Vollzug – unreflektiert sind.

Anhand eines Beispiels wollen wir dies erläutern: Ein Mensch springt von einer Brücke ins Wasser. Ein anderer springt ihm nach, um ihn zu retten. Nachdem ihm das geglückt ist, fragen wir ihn, wie ihm diese Entscheidung innerlich möglich gewesen sei. Er antwortet uns aber, von einer Entscheidung könne keine Rede sein, vielmehr sei der Versuch einer Lebensrettung für ihn eine Selbstverständlichkeit gewesen.

Die Frage, auf die all dies nunmehr hinausläuft, lautet: Ist eine Handlung deshalb, weil sie für einen eine Selbstverständlichkeit ist, keine Leistung? Gingen nicht so und so viele andere Leute im selben Augenblick wie unser Gewährsmann über die Brücke und waren nicht sie gleich ihm Zeugen der Lebensgefahr, ohne dass es ihnen eingefallen wäre, dem Gefährdeten nachzuspringen, also ohne dass dieses Nachspringen für die die gleiche Selbstverständlichkeit gewesen wäre wie für den Anderen?

Wir sehen: Dass das Nachspringen für jemanden eine Selbstverständlichkeit ist, *ist* die Leistung. Denn dass so etwas für einen selbstverständlich ist, ist durchaus keine Selbstverständlichkeit. Das ist ja die Leistung: dass es dazu kommt – dass es einer dahin bringt, dass so etwas für ihn selbstverständlich ist. Nichts *ist* eine Selbstverständlichkeit – alles *wird* eine Selbstverständlichkeit. Oder, um auf unseren Lebensretter zurückzukommen: Einmal in seinem Leben, zumindest ein einziges Mal, *hatte* dieser Mensch, auch dieser Mensch, sich zu entscheiden.

KOMMENTAR

Im obigen Beispiel ging auch Frankl auf den Leistungsbegriff ein. Er fragte sich: Läuft jeder menschlichen Leistung ein wissentlicher und willentlicher Entscheidungsprozeß voraus? Und: Wenn dem nicht so ist, wenn eine Entscheidung stattdessen unbewusst getroffen worden ist, war sie deshalb keine freie Entscheidung?

Im Beispiel vom beherzten Lebensretter, der von einer Brücke springt, um einen Verzweifelten aus dem Wasser zu ziehen, präsentierte er uns die Antworten, die er auf seine Fragen gefunden hatte. Entscheidungen können bewusst oder unbewusst getroffen werden, unbewusst hier im Sinne von »unreflektiert«. Zweifelsohne bleibt einem potentiellen Lebensretter auf einer Brücke kaum

Zeit für lange Überlegungen. Er muss dem Selbstmordgefährdeten sofort nachspringen, oder er kann darauf verzichten, weil jener längst untergegangen und ertrunken ist. Wie kommt es also dazu, dass jemand *spontan und ohne Zögern* ins kalte Wasser springt? Frankl meinte, es kommt nur dazu, wenn jemand in seiner Vergangenheit schon vielfach *bewusst und in Freiheit* altruistische Entscheidungen getroffen hat: Entscheidungen pro Leben, pro Nächstenliebe, pro Hilfsbereitschaft, pro Barmherzigkeit. Ein solcher Jemand hat sich sozusagen selbst auf ein soziales Engagement »programmiert« und kann im Bedarfsfall blitzschnell aus diesem Programm heraus reagieren.

Genau *das* aber ist die großartige Leistung eines Menschen: Sich so »programmiert« bzw. entwickelt zu haben, dass im entscheidenden Augenblick die Liebe über die Angst siegt – ohne Verzögerung! Die Freiheit hat bei dieser Entwicklung durchaus ein gewichtiges Wörtchen mitgeredet.

Sabbat in Permanenz

Die »Menschwerdung« ist also … noch unvollendet. Denn die letzte sprunghafte, eben mutationsmäßige Vermehrung der Ganglienzellen der Großhirnrinde gab der Gattung »Mensch« eine unerhörte Chance; aber noch liegt alles am Menschen, diese Chance zu nützen. Noch hat der Mensch aus sich nicht das Mögliche, das Äußerste herausgeholt. Weit und breit ist keine Spur zu entdecken vom prophezeiten Übermenschen (zumindest nicht seit der Zeit der prophezeienden Übermenschen: der Propheten) – noch sind wir Zwischenmenschen.

Mit jener Mutation, die einen Hominiden plötzlich mit 14 Milliarden Neuronen »begabte«, können wir also diese unvollendete Menschwerdung datieren – oder: den Anbruch des sechsten Schöpfungstages. Wenn es jedoch in der Genesis heißt, der Mensch sei am sechsten Tage der Schöpfung erschaffen worden, und am siebenten Tag habe Gott geruht, so können wir sagen: Am siebenten Tage legte Gott die Hände in den Schoß, und seither liegt es am Menschen, was er, der Mensch, aus sich macht – selber macht. Gott? wartet ab – und sieht zu, wie der Mensch die geschaffenen Möglichkeiten schöpferisch verwirklicht. Noch sind diese Möglichkeiten, wie gesagt, nicht voll ausgeschöpft. Noch wartet Gott, noch ruht er, noch ist es Sabbat: Sabbat in Permanenz.

KOMMENTAR

Wir haben von den beachtlichen Leistungen gesprochen, die Menschen sich in Freiheit bewusst oder unbewusst abringen können. Freilich sind sie nicht ihr tägliches Werk, sondern ragen aus einem Meer von Banalitäten, Gewohnheiten und Kleinkrämerei empor.

Schließlich springen selbst Lebensretter nicht täglich von irgendwelchen Brücken. Frankl wusste sehr wohl, dass wir keine »Übermenschen«, sondern eher »Zwischenmenschen« sind.

Dennoch hielt er uns für begnadete Geschöpfe. Fragen wir: Welche Gnade ist uns zuteil geworden? Weithin herrschen Krieg und Streit, Hass und Neid, Terror und Intoleranz, Zerstörungswut und Egoismus. In Jahrtausenden hat die Menschheit lediglich an Macht, nicht aber an Moral dazu gewonnen. Der höchste Triumph, den sie bisher erreicht hat, ist die Macht, sich selbst auszulöschen. Na, bravo! Welche Gnade ist uns zuteil geworden?

Frankl verwies auf die Ursprungssaga »Genesis«. Sechs kosmische Tage lang hat Gott unzählige Möglichkeiten für uns geschaffen. Am siebenten Tag legte er die Hände in den Schoß ... *Wir Menschen haben die Gnade erhalten, die geschaffenen Möglichkeiten zu nutzen.* Das ist alles, und mehr, als je gewährt worden ist. Die Gnade, die geschaffenen Möglichkeiten in Freiheit zu nutzen. Im Guten zu nutzen. Im Bösen zu nutzen. Nicht zu nutzen. Bald zu nutzen.

Gott wartet – noch.

DER (ALP-)TRAUM VOM GLÜCK

Wo ist der Planet Erde?

Mit Hilfe eines Teleskops lassen sich alle Planeten der Sonne beobachten – mit einer Ausnahme: Ausgenommen bleibt der Planet Erde selbst. Ähnlich ergeht es uns Menschen mit aller Erkenntnis: Alle Erkenntnis, sofern sie eine menschliche ist, ist an einen Standort gebunden. Wo jedoch der Standort ist, kann kein Gegenstand sein, und so kann denn auch das Subjekt nie in vollendeter Weise sein eigenes Objekt werden.

Aber nicht nur, dass eine vollendete Selbstreflexion nicht gekonnt wird: Sie wird auch nicht gesollt; denn es ist nicht Aufgabe des Geistes, sich selbst zu beobachten und sich selbst zu bespiegeln. Zum Wesen des Menschen gehört das Hingeordnet- und Ausgerichtetsein, sei es auf etwas, sei es auf jemand, sei es auf ein Werk oder auf einen Menschen, auf eine Idee oder auf eine Person! Und nur in dem Maße, in dem wir solcherart intentional sind, sind wir existentiell, nur in dem Maße, in dem der Mensch geistig bei etwas oder bei jemandem ist, bei geistigem, aber auch bei ungeistigem anderem Seienden – nur im Maße solchen Beiseins ist der Mensch bei sich. Der Mensch ist nicht da, um sich selbst zu beobachten und sich selbst zu bespiegeln; sondern er ist da, um sich auszuliefern, sich preiszugeben, erkennend und liebend sich hinzugeben.

KOMMENTAR

Die Frage nach dem Sinn unseres Lebens wird häufig damit beantwortet, dass wir dazu da seien, um glücklich zu werden. Gegen das Glücklichwerden ist im Prinzip auch nichts einzuwenden. Es sei jedem gegönnt. Nur hat es mit dem Glücklichwerden eine seltsame Bewandtnis. Es kommt und geht wie die Heinzelmännchen im Märchen, die völlig unbeobachtet und unerwartet aushelfen, aber in dem Moment verschwinden, da man sie beobachten, bestellen oder gar erjagen will.

Im Gleichnis vom Sterngucker hinter seinem Teleskop versuchte Frankl die »Unbeobachtbarkeit« des Subjekts und dessen Glücks verständlich zu machen. Der Sterngucker kann den ganzen nächtlichen Himmel absuchen, er kann viele weit entfernte Planeten anvisieren, doch die Erde selbst wird in seinem Teleskop niemals aufscheinen.

Ähnlich ergeht es den Menschen, die sich selbst kennen lernen möchten, über sich nachgrübeln und in sich hineinhorchen, ob sie wohl ausreichend glücklich sind. Sie finden sich und ihr Glück nicht. »Es ist nicht Aufgabe des Geistes, sich selbst zu beobachten«, begründete Frankl dies kategorisch. Dann erfahren wir von einem merkwürdigen

Widerspruch: Nur in dem Maße, in dem Geistiges bei Andersseiendem weilt, ist es bei sich. Das ist schwer zu begreifen. Holen wir unser eigenes »Teleskop« und betrachten wir einige Leute:

1. Ein Hobbygärtner sitzt auf einer Gartenbank, versunken in den Anblick farbenprächtiger Tulpen im Frühling. Er erlebt geistig das Aufblühen der Natur intensiv mit. Er ist glücklich.

2. Ein Smetana-Fan sitzt im Konzertsaal und lauscht den Klängen der »Moldau«. Er tanzt geistig jeden Takt auf den Wellen des Flusses mit. Er ist glücklich.

3. Ein Junge jongliert mit Keulen, die er abwechselnd in die Luft wirft und geschickt wieder auffängt. Er hüpft geistig im Rhythmus seines Spieles mit. Er ist glücklich.

4. Eine Hausfrau bewirtet ihre Gäste bei der Abiturfeier ihrer Tochter. Sie jubelt geistig mit der Freude und Ausgelassenheit der jungen Schar mit. Sie ist glücklich.

Haben wir den Widerspruch begriffen? Sie, die »bei den Tulpen«, »bei den Klängen«, »bei den Keulen«, »bei den Gästen« sind, in konzentrierter Selbstvergessenheit und voller Wertschätzung, sie *sind* ganz »bei sich«. Der

Sterngucker, der den Planet Erde nicht sieht, der *ist* auf ihm.

Das gesunde Auge

Selbsttranszendent sind unsere Augen.

Das heißt: die Fähigkeit meines Auges, seine Funktion zu erfüllen, die es umgebende Welt optisch wahrzunehmen, steht und fällt mit der Unfähigkeit, sich selbst wahrzunehmen (wenn ich von Spiegelungen absehe). In dem Maße, in dem mein Auge etwas von sich selbst bemerkt und sieht, ist es krank. Wenn ich da Wolken sehe, dann ist es mein grauer Star, eine Linsentrübung; wenn ich Regenbogenhöfe um die Lampen sehe, dann ist das mein grüner Star, eine Erhöhung des Drucks in der vorderen Augenkammer. Das normale Auge sieht sich selbst nicht.

Genauso ist es mit dem Menschsein. Selbsttranszendenz heißt, dass der Mensch ganz er selbst wird und ganz Mensch ist genau in dem Maße, in dem er sich übersieht und vergisst, in dem er sich selbst hinter sich lässt, im Dienst an einer Sache, in der Erfüllung eines Sinnes oder in der Hingabe an eine Aufgabe oder an einen anderen Menschen, einen Partner – da wird er ganz er selbst.

KOMMENTAR

Im Augengleichnis führte Frankl einen neuen Terminus ein, nämlich den Ausdruck »Selbsttranszendenz«. Selbsttranszendenz meint noch mehr als jene konzentrierte Selbstvergessenheit, von der im Zusammenhang mit dem merkwürdigen Widerspruch des geistigen »Bei-sich-Seins« (im Zuge eines »Bei-Andersseiendem-Seins«) die Rede war. Selbsttranszendenz meint die Wahrnehmung von sinnvollen Aufgaben und – in Konsequenz – die Hingabe an sie. Selbsttranszendenz meint ferner die Liebe zu einem Du und – in Konsequenz – den Dienst an einem Du.

Das Augengleichnis kann nicht alles Gemeinte abdecken, aber zumindest den Wahrnehmungsaspekt symbolisiert es perfekt. Das Auge kann die es umgebende Welt *dann* nicht mehr richtig wahrnehmen, wenn es krank ist. Denn wenn es krank ist, sieht es stattdessen etwas von sich selbst …

Auf den Menschen übertragen heißt dies: Der Mensch nimmt seine Aufgaben und seine Nächsten und Liebsten *dann* nicht mehr richtig wahr, wenn er seelisch krank ist. Denn wenn er seelisch krank ist, sieht er nur noch sich selbst …

Der zurückkehrende Bumerang

So kann denn Selbstverwirklichung nicht auf direktem Wege erzielt werden, sondern nur auf einem Umweg. Es muss erst ein Grund da sein, als dessen Folge sie sich dann aber von selbst einstellt. Mit einem Wort, Selbstverwirklichung kann man nicht er-zielen – sie muss er-folgen. Sofern sie jedoch Folge von Sinnerfüllung ist, lässt sich auch verstehen, dass zu einer Zeit, zu der signifikante Segmente der Population in ihrem Leben keinen Sinn mehr sehen können, nicht mehr der »Umweg« eingeschlagen wird, vielmehr wird eine Wegabkürzung gesucht.

Solche Menschen gleichen dem Bumerang: Im Gegensatz zur irrtümlichen Annahme, der Bumerang kehre auf jeden Fall zum Jäger zurück, tut er es nur, wenn er das Ziel nicht erreicht, die Beute nicht getroffen hat. Genauso sind gerade *die* Menschen sosehr um Selbstverwirklichung bemüht und bekümmert, die – auf der Suche nach Sinn frustriert – auf sich selbst zurückkommen, sich auf sich selbst zurückbeugen, sich selbst »reflektieren«, in diesem Sinne aber nicht nur Selbstbeobachtung forcieren, sondern auch Selbstverwirklichung forciert intendieren und, da ebendiese forcierte Intention ausgesprochen kontraproduktiv ist, letzten Endes scheitern müssen.

KOMMENTAR

Wir haben die Bedeutung der Worte »Selbstvergessenheit« und »Selbsttranszendenz« beleuchtet und wollen sie nun zum Wort »Selbstverwirklichung« in Bezug setzen. Letzteres ist das in der Allgemeinpsychologie bekannteste Wort, das in den 70er- und 80er-Jahren des vorigen Jahrhunderts für viel Aufruhr der Gemüter gesorgt hat. Abraham Maslow, der Initiator der »Selbstverwirklichungsbewegung« hat damals die menschliche Selbstverwirklichung auf die Spitze einer Bedürfnishierarchie placiert, die bei der Stillung der primitivsten Bedürfnisse nach Nahrung, Wärme, Schutz etc. beginnt, und eben in der Selbstverwirklichung gipfeln soll.

Frankl missfiel die Theorie von dieser Bedürfnishierarchie. Nahrung, Wärme, Schutz etc. kann und muss von einem Lebewesen direkt angezielt und beschafft werden. Die menschliche Selbstverwirklichung hingegen ist nur auf dem Umweg der *Nichtanzielung* erreichbar. Ein sinnerfülltes Leben in Selbstvergessenheit und Selbsttranszendenz führt (als unangezielter Nebeneffekt!) zur optimalen menschlichen Selbstverwirklichung. So ein großer Unterschied kann nicht in ein- und derselben Hierarchie untergebracht werden.

Ob Frankl seinem amerikanischen »Kollegen« Maslow die Story vom Bumerang erzählt hat, der nur zurückkehrt, wenn er seine Beute verfehlt hat (analog, wie ein Mensch seine Selbstverwirklichung anstrebt, wenn er bei seiner Sinnerfüllung gescheitert ist), wissen wir nicht. Aber es ist schriftlich überliefert, dass Maslow im Alter auf die Position Frankls eingeschwenkt ist.

Nicht so gut wie Whisky?

Mich erinnert dies immer wieder an einen amerikanischen Witz, dem zufolge ein Mann auf der Straße seinen Hausarzt trifft, der sich dann nach seines Patienten Befinden erkundigt. Es zeigt sich aber alsbald, dass dieser Patient in letzter Zeit ein wenig schwerhörig geworden ist. »Wahrscheinlich trinken Sie zuviel«, ermahnt ihn sein Hausarzt. Ein paar Monate später begegnen sie einander wieder auf der Straße, und abermals erkundigt sich der Arzt nach dem Befinden seines Patienten und hebt zu diesem Zweck seine Stimme.

»O«, meint der nun, »Sie brauchen nicht so laut zu sprechen; ich höre wieder ausgezeichnet.« – »Wahrscheinlich haben Sie auch aufgehört zu trinken«, meint der Arzt, »so ist's recht – nur so weiter.«

Wieder ein paar Monate später: »Wie geht's Ihnen?« – »Wie bitte?« – »Wie es Ihnen geht, frage ich.« Endlich versteht der Patient. »Nun, Sie sehen, ich höre wieder schlechter.« – »Wahrscheinlich haben Sie wieder zu trinken begonnen.« Woraufhin der Patient dem Arzt alles erklärt: »Schauen Sie: Zuerst hab' ich getrunken und schlecht gehört; dann hab' ich aufgehört zu trinken und wieder besser gehört; aber was ich gehört hab', war nicht so gut wie Whisky.«

Wir können also sagen: In Ermangelung eines Lebenssinnes, dessen Erfüllung den Mann glücklich gemacht hätte, versuchte er, ein solches Glücksgefühl *unter Umgehung* jeder Sinnerfüllung herbeizuführen, und zwar auf dem Umweg über die Chemie. Tatsächlich lässt sich das Glücksgefühl, das normalerweise menschlichem Streben gar nicht als Ziel vorschwebt, vielmehr lediglich eine Begleiterscheinung des Sein-Ziel-erreicht-Habens vorstellt – diese Begleiterscheinung, dieser »Effekt«, lässt sich auch »haschen«, und die Einnahme von Äthylalkohol macht es möglich.

KOMMENTAR

Wir sind vom Traum des Menschen, glücklich zu werden, ausgegangen, und bei der Sinnerfüllung des Menschen gelandet. In Zwischenstationen begegneten wir den Begriffen »Selbstvergessenheit« und »Selbsttranszendenz«, auf einem Nebengleis dem Begriff »Selbstverwirklichung«.

Wir haben darüber hinaus vernommen, dass der in seiner Sinnerfüllung scheiternde Mensch erst recht nach dem Nebengleis »Selbstverwirklichung« hascht, und das heißt: unglücklich wird. Der Bumerang trifft statt der Beute – ihn. Welche Alternativen stehen ihm dann offen? Nun, er kann den Bumerang neu auswerfen. Möglichkeiten, das Leben sinnvoll zu gestalten, liegen für jeden jederzeit und unter allen Umständen bereit, selbst für den Behinderten, Gefangenen, Obdachlosen, chronisch Kranken, Hochbetagten oder Sterbenden. Der Betreffende kann aber auch ein künstliches Glücksgefühl (unter Umgehung der Sinnerfüllung) erzwingen, zum Beispiel über die Chemie.

Dann bleibt der Bumerang im Menschen stecken, und der Traum vom Glück entartet zum Alp-Traum. Wobei Schwerhörigkeit, um auf den obigen Witz anzuspielen, noch das geringste Übel ist.

Napoleons Schlachten

In Wirklichkeit kommt es auf Lust oder Unlust im Leben herzlich wenig an. Für den Zuschauer im Theater ist es ja auch nicht wesentlich, ob er sich eine Komödie oder eine Tragödie ansieht; wichtig ist ihm vielmehr der Inhalt, der Gehalt des Dargebotenen. Und es wird gewiss niemand behaupten, dass gewisse Unlustgefühle, die sich angesichts eines traurigen Geschehens auf der Bühne in den Seelen der Zuschauer regen, das eigentliche Ziel ihres Theaterbesuches darstellen; denn dann müssten alle Besucher als verkappte Masochisten angesehen werden.

Vollends lässt sich jedoch die Behauptung, Lust sei das Endziel aller – und nicht der bloße Endeffekt vereinzelter – Strebungen, dadurch widerlegen, dass wir diese Behauptung umkehren. Wäre es nämlich tatsächlich so, dass beispielsweise Napoleon seine Schlachten nur deshalb ausfocht, um mit ihrem siegreichen Ausgang Lustgefühle zu erlangen – die gleichen Lustgefühle, die irgendein anderer Soldat sich einfacher verschaffen konnte, etwa durch Fressen, Saufen und Huren –, dann müsste umgekehrt das »letzte Ziel« der letzten Napoleonischen Schlachten, der »Endzweck« von Napoleons Niederlagen in den Unlustgefühlen gelegen sein, die den Niederlagen doch ebenso folgten wie die Lustgefühle den Siegen.

KOMMENTAR

Des Menschen Selbstverwirklichung sitzt also nicht einsam auf einem »Nebengleis«. Ihr zur Seite sitzen Lust und Unlustgefühle, die auch stets Nebeneffekte eines viel wesentlicheren Geschehens sind. Lust ist der affektive Nachhall einer gelungenen Aktion oder eines kostbaren Erlebnisses. Unlust ist der affektive Beigeschmack schmerzlicher Ereignisse im körperlichen oder seelischen Bereich. Aber man schlägt die Schlachten seines Lebens nicht, um Lustgefühle einzuheimsen oder Unlustgefühle zu vermeiden, sondern um Gegebenheiten zu verändern, Probleme zu lösen und Chancen zu verbessern.

In der psychotherapeutischen Arbeit stößt man allerdings öfters auf das »verbogene Motiv« von Patienten, hauptsächlich Unlustgefühle vermeiden zu wollen. Die dümmsten Ausweichmanöver werden unternommen, um bloß nichts Unangenehmes aushalten zu müssen. Manche Patienten gehen nicht zum Sport, um nicht ausgelacht zu werden, gehen nicht ins Theater, um keine Enttäuschung zu erleiden, gehen nicht zu Freunden, um sich nicht zu blamieren, usw. Andere betreten keinen Aufzug, um nicht darin stecken zu bleiben, keinen Garten, um von keiner Wespe gestochen zu werden, keinen Sandstrand, um keinen Sonnenbrand zu bekommen, usw. Sie alle ernten »Niederlagen« von Ausmaßen, die denen Napoleons in nichts nachstehen. Denn nach »Anfangssiegen« (keine Blamage, kein Wespenstich …) verengt sich ihr Leben immer mehr, bis es am Ende (unter der »sicheren Bettdecke«!) kein wirkliches Leben mehr ist.

Wie die Türe aufgeht

Das Leben ist also irgendwie Pflicht, eine einzige große Verpflichtung. Und: Wohl gibt es im Leben auch Freude – aber sie kann nicht angestrebt werden, nicht als Freude »gewollt« werden, sie muss sich vielmehr von selber einstellen –, und sie stellt sich auch von selber ein, so wie sich eine Folge einstellt: Glück soll und darf und kann nie Ziel sein, sondern nur Ergebnis; Ergebnis eben der Erfüllung dessen, was Pflicht heißt … Auf jeden Fall ist alles Glücksstreben des Menschen insofern verfehlt, als ein Glück ihm nur in den Schoß fallen kann, niemals jedoch sich erjagen lässt.

Kierkegaard war es, der das weise Gleichnis ausgesprochen hat: Die Tür zum Glück geht »nach außen« auf, das heißt, sie verschließt sich gerade demjenigen, der die Tür zum Glück gleichsam einzudrücken versucht.

KOMMENTAR

Wir haben Lust- und Unlustgefühle als Nebeneffekte eines viel wesentlicheren Geschehens definiert. Welchen Namen trägt nun jenes »wesentlichere Geschehen«? Frankl verwendete u. a. den philosophisch gehaltvollen, aber altmodischen Ausdruck »Pflicht«.

Zugegeben, niemand ist begeistert, wenn ihm seine Pflichten vorgehalten werden. Lieber erfahren wir etwas über unsere Rechte, als über unsere Pflichten. Doch im Kontext des Kierkegaardschen Bonmots von der »Tür zum Glück«, die nach außen aufgeht, hat die Pflicht einen anderen Stellenwert. Sie wird uns nicht von strengen Autoritätspersonen aufgedrückt, sondern ist dasjenige, das zu erledigen *wir gebeten sind* – zu Gunsten aller Beteiligten inklusive uns selber. Sie ist unser winziger Beitrag zum Gelingen der Gemeinsamkeit und unser Zutun zur Bewahrung der Schöpfung. Sie ist exakt jenes Körnchen, auf das es ankommt, und das fehlen würde, wenn einmal künftige Generationen ernten sollen.

Vollbringen wir, wozu wir solcherart gebeten sind, so werden wir glücklich. Dazu ein kurzer Besinnungstext von einem unbekannten Autor:

Ich hatte gebeten

Ich hatte Gott um die Kraft gebeten,
Erfolg zu haben;
er hat mich schwach gemacht,
damit ich in Demut gehorchen lerne.
Ich hatte um Gesundheit gebeten,
um Großes zu vollbringen;
er hat mich gebrechlich gemacht,
damit ich Besseres vollbringe.

Ich hatte um Reichtum gebeten,
damit ich glücklich sein kann;
er hat mich arm gemacht,
damit ich weise werden kann.
Ich hatte um Macht gebeten,
damit mich die Menschen achten;
er hat mich hilflos gemacht,
damit ich nach Gott verlange.

Ich hatte um einen Gefährten gebeten,
um nicht allein zu sein;
er hat mir ein Herz gegeben,
um all meine Brüder und Schwestern zu lieben.
Ich hatte um Dinge gebeten,
die mein Leben erfreuen könnten;
ich habe das Leben bekommen,
um mich an allen Dingen zu erfreuen.

Ich bekam nichts von dem
worum ich gebeten hatte,
aber ich bekam alles, was ich erhoffte.

Fast ohne mein Zutun
wurden meine nicht
ausgesprochenen Gebete erhört.
Keiner unter den Menschen
wurde reicher beschenkt als ich.*

* Gedicht eingraviert auf einer Bronzetafel in einer psychotherapeutischen Einrichtung in New York.

SEELISCHE FEHLHALTUNGEN

Das Kampffisch-Weibchen

Leider ergibt sich aus alledem ein sexueller Konsumationszwang, der es mit sich bringt, dass sich Störungen der Potenz häufen. Denn zu diesen Störungen kommt es für gewöhnlich dann, wenn der Patient das Gefühl hat, der Sexualakt sei eine Leistung, die von ihm erwartet, ja verlangt und gefordert werde, und namentlich dann, wenn diese Forderung von der Partnerin ausgeht. Dies gilt nicht nur vom Menschen, sondern auch von Tieren. So konnte Konrad Lorenz ein Kampffisch-Weibchen dazu bringen, dem Männchen bei der Paarung nicht kokett davon-, sondern energisch entgegenzuschwimmen – worauf sich dem Kampffisch-Mann auf reflektorischem Wege der Paarungsapparat verschloss.

KOMMENTAR

Durch Jahrhunderte hindurch hat das Thema der menschlichen Sexualität das Licht öffentlicher Diskurse gescheut. Das hat sich in unserer radikal aufgeklärten Zeit gründlich gewandelt. Es vergeht kein Fernsehabend ohne detaillierten Anschauungsunterricht zum genannten Thema. Man kann dies aus pädagogischer Sicht verschieden bewerten, doch aus psychiatrischer Sicht gibt es seither eine erstaunliche Beobachtung: Die Potenzstörungen und Frigiditätsprobleme haben sich vermehrt statt vermindert.

Auch Frankl ist seinerzeit – als Chef der Neurologischen Abteilung der Wiener Poliklinik – mit den steigenden Zahlen potenzgestörter Patienten konfrontiert worden. Schnell hat er den Auslöser des Übels im sexuellen Konsumationszwang erkannt, der sozusagen in der Gischt der heranrollenden Sexwellen mit schwamm. Jedem Mann und jeder Frau wurde über die Medien eingehämmert, dass sie mehrmals wöchentlich Sexualverkehr haben müssten, wenn sie »normal« sein wollten, und dass sie ihn auch noch bis zu den Gipfeln der Ekstase genießen müssten, weil sie ansonsten »nicht okay« wären. Das solchermaßen eingehämmerte Müssen war jedoch der Kunst des Liebesaktes abhold. Alle Unbefangenheit schmolz, vom Zauber zart verschämter Intimität entblättert, dahin, während der Erwartungsdruck an die Körper, welche Erektion bzw. Orgasmus flott zu »leisten« hätten, gigantisch anschwoll. Manch (gesunder) Körper wehrte sich dagegen mit Verweigerung.

Im Gleichnis vom Kampffisch-Pärchen, das nicht zueinander findet, ist der beschriebene Mechanismus kurz und bündig dargestellt. Es bedarf eines Beisammenseins mit *offenem* Ausgang, wenn wahre Liebe sich inkarnieren soll – so, wie es eben beiden Partnern wohl tut: im Kuscheln, im Flüstern, im Streicheln, in der sexuellen Vereinigung oder einfach nur im gemeinsamen Einschlafen, ohne Forderung und ohne Programm. Das seelische Mitschwingen in den Schwingungen des anderen ist der »Gipfel«, und nicht ein aufgeputschter Nervenreflex.

Es scheint sich zu bewahrheiten, dass eine radikale Aufklärung nicht selten eine Gegenaufklärung benötigt …

Taube und Tausendfüßler

Sinnig hat man den Schlaf mit einer Taube verglichen, die, sobald man nach ihr fasst, davonfliegt, während sie sich auf unserer Hand niederlässt, sofern wir nur nicht nach ihr greifen. Auch der Schlaf lässt sich nicht »ergreifen«, nicht bewusst und absichtlich intendieren. Auf seinen Eintritt ungeduldig warten, oder gar sich selbst daraufhin ängstlich beobachten zu wollen, ob er sich nun endlich einstelle, heißt immer auch schon ihn vertreiben. So gilt, dass wir allem andern voran unsere Patienten dazu anhalten müssen, über alles übrige eher nachzudenken, wenn sie nicht schlafen können – nur an Schlaf dürfen sie nicht denken, nur nicht an das Problem ihrer Schlaflosigkeit!

Auch diese Maßnahme stellt eine Form jener *Dereflexion* dar, von deren psychotherapeutischer

Bedeutung zu reden wir wiederholt Gelegenheit hatten. Die Weisheit des Volkes weiß um diese Dinge schon längst: Bekannt ist jene Fabel vom Tausendfüßler, den ein übelwollendes anderes Tier eines Tages danach fragte, in welcher Reihenfolge denn er seine »tausend« Füße bewege – woraufhin der in Verlegenheit geratene Tausendfüßler beim Versuch, in bewusster Reflexion das Gehen selbst zu beobachten, keinen Schritt mehr zu machen vermochte und elendiglich zugrunde ging.

KOMMENTAR

Die Parallele ist unübersehbar: Das Herbeizwingen-Wollen des Sexualaktes schwächt die Potenz, und das Ungeduldig-einschlafen-Wollen verscheut den Schlaf. Man könnte noch zahllose weitere Parallelen ziehen, denn Zahlloses funktioniert, ohne rational machbar zu sein. Oder anders ausgedrückt: Es funktioniert, solange es *nicht* durch einen rationalen Machbarkeitswillen gestört wird.

So einleuchtend dies in der Theorie ist, so schwierig gestaltet sich die dazugehörige Praxis. Wer von uns hat zum Beispiel noch nie Lampenfieber gehabt, etwa vor einer Schüleraufführung oder später im Leben vor einem öffentlichen Auftritt? Beim Üben zu Hause läuft alles wie am Schnürchen, aber dann, wenn die Augen der Zuschauer auf uns gerichtet sind, ergeht es uns fast wie dem armen Tausendfüßler in der Fabel. Warum? Weil wir uns ängstlich beobachten, ob wir nur ja alles richtig machen – und schon sind wir beim Machen-wollen dessen, was ohne Machenwollen am besten funktionieren würde.

Gegen diesen Tausendfüßler-Effekt ist nur ein einziges Kraut gewachsen, nämlich das Pflänzchen »Vertrauen«. Wer darauf vertraut, dass sein Wissen und Können ausreichen wird bzw. dass ihm nicht der Kopf abgerissen werden wird, wenn er einmal patzen sollte, kann sich »seelenruhig« auf seinen Auftritt konzentrieren, und die »tausend Füßchen« in seinen Gehirnwindungen organisieren sich ganz von selbst. Wer darauf vertraut, dass sich sein Körper auf jeden Fall die Mindestschlafmenge holen wird, die er braucht, der kann sich im Bett an seine schönsten Wachträume hingeben und dabei vom Schlaf überraschen lassen. Analoges gilt für die zahllosen weiteren Parallelen, die man, wie gesagt, ziehen könnte.

Das Malheur ist nur, dass seelisch kranke Menschen meistens kein Vertrauen aufbringen, weder zu sich selbst, noch zu anderen, noch zum Leben, noch zu Gott. Nun, vielleicht ist es auch umgekehrt. Vielleicht werden Menschen, die kein Vertrauen aufbringen, seelisch krank. Wir wissen nicht genau, wie sich die Zusammenhänge reihen, aber eines wissen wir mit Sicherheit: Wer regelmäßig vom Pflänzchen »Vertrauen« nascht, geht niemals »elendiglich zugrunde« wie der Tausendfüßler in der Fabel.

Habe Durst gehabt

Der Neurotiker neigt aber nicht nur zum »Begaffen eigener Gefühlszustände«, also einer forcierten Introspektion, sondern auch zu einer exzessiven Retrospektion. Alfred Adler tischte uns gerne einen seiner Lieblingswitze auf:

Im Schlafraum einer Schutzhütte beginnt in der Nacht eine Frau zu jammern: »Ach, habe ich einen Durst, habe ich Durst …« Endlich ermannt sich jemand und holt ihr aus der Küche ein Glas Wasser. Alles will weiterschlafen; aber auf einmal beginnt die Frau weiterzujammern: »Ach, hab' ich einen Durst *gehabt*, hab' ich einen Durst *gehabt* …«

Auch der Neurotiker kehrt immer wieder in die Vergangenheit zurück, kommt immer wieder auf seine Kindheit zurück und auf den »Böse-Eltern-Komplex« zu sprechen, um anderen die Schuld an der Neurose zuzuweisen. Tatsächlich konnten ausgedehnte empirische Studien an der Columbia University und an der University of California unabhängig voneinander nachweisen, dass ungünstigen frühkindlichen Erfahrungen keineswegs jener schicksalhaft entscheidende Einfluss auf das spätere Leben zukommt, den man ihnen früher zugeschrieben hatte.

Wir haben das fehlende Vertrauen (und die damit verbundene »forcierte Introspektion«) als eine Urwurzel ängstlicher Verkrampfungen und neurotischer Entgleisungen ausgegraben und können jetzt eine zweite Urwurzel freischaufeln, die Frankl mit dem Stempel »exzessive Retrospektion« versehen hat. Gemeint ist damit die ständige Rückschau auf quälende Ereignisse aus der eigenen Lebensgeschichte, eine Rückschau, die von entsprechenden Seufzern begleitet ist.

Das Durst-Gleichnis passt perfekt dazu. Selbst wenn der Durst bereits gelöscht ist, hat man ihn immerhin *gehabt* – ein Grund, sich zu bedauern! Auch wenn ein Bergkamerad extra aufgestanden ist, um ein Glas Wasser herbeizuschaffen, ist ein anderer daran schuld, dass ein solches nicht schon längst dagestanden ist. Und: Der Durst steht unverrückbar im Zentrum des Denkens und Fühlens; für Sonstiges gibt es daneben kaum mehr Raum! Völlig ausgeblendet sind Tatsachen wie:

1. das Geborgensein in der Schutzhütte,
2. das Vorhandensein von Wasser in erreichbarer Nähe,
3. die müden Wanderer ringsum,
4. die Hilfsbereitschaft eines einzelnen,
5. die die Schlafenden erquickende Stille.

Ähnlich blenden die »ewig gestrigen« Menschen aus, was ihnen gnädig beschieden ist, und überhaupt, was sich um sie herum, in der Welt draußen, abspielt.

Patient A klagt, dass seine Mutter ihn hat abtreiben wollen, und übersieht, in welchem Dilemma sie einst gesteckt ist, und dass sie ihn dennoch ausgetragen und sorgsam aufgezogen hat.

Patient B jammert, dass er nicht die gewünschte Berufsausbildung bekommen hat, und bemerkt nicht die vielen Gelegenheiten zur Weiterbildung, die ihm bis heute offen stehen.

Patient C beschwert sich über die Erziehungsmethoden seines Stiefvaters und registriert nicht den Einblick in die interessanten Kulturen, den ihm seine Reisen mit dem Stiefvater gewährt haben.

Patient D trauert seiner »ersten Liebe« nach und vergisst den Glanz der damaligen Zeit, und wie sehr sie ihn hat reifen lassen, was seiner späteren Ehe zugute gekommen ist.

Und so fort, und so fort.

Die Chancen zu Eigeninitiativen, die Geschenke des Lebens, die Vernarbungen der Wunden – nichts davon wird zur Kenntnis genommen! Nur der Durst, der unstillbare Durst nach dem, was man *nicht hat* oder *nicht gehabt hat* steht im Zentrum des Ichs. Eines Ichs, das krank ist. Und wenn es noch nicht krank ist, dann: davon krank wird.

Das Riff bei Ebbe

Seelisch ausgelöste, aber eben nicht seelisch verursachte Erkrankungen bezeichnen wir als psychosomatisch. Entgegen der Psychosomatischen Medizin jedoch halten wir nicht dafür, dass es sich jeweils um spezifische Komplexe, Konflikte, Probleme und Traumen handelt, die da pathogen werden. Vielmehr lässt sich unschwer nachweisen, dass die Komplexe, Konflikte, Probleme und Traumen, deren angeblich so spezifische Pathogenese immer wieder inkriminiert wird, als praktisch ubiquitär anzusehen sind. Und wann immer sie anamnestisch erhoben werden, haben sie die Krankheit nicht verursacht.

Diesen Schluss zu ziehen, käme gleich der Folgerung, ein Riff, das erst bei Ebbe auftaucht und sichtbar wird, sei die Ursache der Ebbe: In Wirklichkeit legt die Ebbe das Riff nur bloß – und ebenso sind die diversen Komplexe, Konflikte, Probleme und Traumen nicht die Ursache der jeweiligen Erkrankung, sondern in den Anamnesen tauchen sie nur deshalb so vielfach und vielfältig auf, weil es sich bei den betreffenden Patienten um von Angst und Sorge beherrschte Menschen handelt, deren Ängstlichkeit bereits die Wirkung neurotischer Erkrankung darstellt.

Die zweite Urwurzel seelischer Störungen, die wir mit Hilfe der Franklschen Symbolik ausgegraben haben, hat in der Entwicklung der jungen Wissenschaftslehre der Psychotherapie leider lange Zeit für Fehlspekulationen gesorgt. Es ist einfach so: Rat- und hilfesuchenden Patienten aus den psychotherapeutischen Praxen lamentieren übermäßig viel. Sie erzählen von frühen Kränkungen und Beschämungen, von unüberwindlichen Hindernissen, die man ihnen in den Weg gelegt hat, und manchmal (mit verblüffender Ehrlichkeit) vom kontinuierlichen Versagen, das auf ihr eigenes Konto zu buchen ist. Die Welt sei schlecht, die Menschen seien gemein, das Leben sei mühsam, die Zukunft sei düster …

Was lag näher, als den Pessimismus der Patienten auf ihre negativen Kindheitserlebnisse zurückzuführen, die ihnen – scheinbar – jeden Schwung und jede Hoffnung geraubt hätten. Doch Vorsicht: Der Schein kann trügen! Großangelegte Vergleichsstudien haben bewiesen, dass die Optimisten, die voller Schwung und Hoffnung durchs Leben tänzeln, im statistischen Durchschnitt mindestens so viele frühe Kränkungen und Beschämungen erfahren haben und auch von Hindernissen und Versagungen nicht verschont geblieben sind. Bei ihnen liegen die

»Riffe« aus ihrer Vorgeschichte aber tief unter der »Flut« aktiv pulsierender Gegenwärtigkeit, unsichtbar und irrelevant. Die »Riffe« aus den Vorgeschichten der lamentierenden Patienten hingegen ragen schroff und bizarr aus der »Ebbe« ihrer misslichen und rückwärtsgewandten Befindlichkeit empor.

»Sind die Riffe die Ursache der Ebbe?«, fragte Frankl spitzbübisch. Klar, dass sie es nicht sind. Sie *zeigen sich bloß* bei Ebbe. Was bedeutet dies für die Seelenheilkunde? Es bedeutet, dass es sinnlos ist, gemeinsam mit den Patienten ihre alten »Riffe« monate- und jahrelang wehmütig zu betrachten; und dass es stattdessen dringend geboten ist, ihnen zu helfen, sämtliche Schleusen zu öffnen, um die »Fluten« steigen zu lassen: die »Flut« der Zufriedenheit, die »Flut« der Dankbarkeit, und allen voran die überquellende »Flut« der Lebensfreude!

Der gefährdete Taucher

Es ist eine alte Erfahrungstatsache, dass Situationen äußerer Not und Krise im allgemeinen mit einer Verminderung neurotischer Erkrankungen einhergehen, und auch im Leben des Einzelmenschen zeigt sich häufig genug und immer wieder, dass sich eine Belastung im Sinne von Beanspruchung seelisch eher gesundheitsfördernd auswirkt. Ich pflege das immer zu vergleichen mit der Tatsache, dass ein baufällig gewordenes Gebäude dadurch gestützt und gefestigt werden kann, dass man es belastet.

Umgekehrt zeigt sich auch, dass gerade Situationen der Entlastung, also sagen wir der Befreiung von einem langen und schweren seelischen Druck, vom seelisch-hygienischen Standpunkt gefährlich sind. Denken wir doch nur an Situationen wie die Entlassung aus der Gefangenschaft. Nicht wenige Menschen haben erst dann, also erst nach der Entlassung, ihre wahre seelische Krise erlebt, während sie zur Zeit der Gefangenschaft gerade unter diesem äußeren und inneren Druck gezwungen und auch imstande waren, ihr Bestes zu geben und das Äußerste zu leisten, physisch ebenso wie moralisch. Sobald der Druck aber weicht, gar erst, wenn dies plötzlich geschieht, gefährdet diese plötzliche Druckentlastung den Menschen, und diese Verhältnisse erinnern in gewissem Sinne an die sogenannte Caisson-Krankheit, bei der ein Taucher, der zu rasch aus der Tiefe heraufgebracht wird, durch die damit einhergehende plötzliche Herabsetzung des atmosphärischen Drucks lebensgefährlich erkranken kann.

KOMMENTAR

Wenn wir schon bildhaft bei den Fluten sind, die die »Riffe« bedecken, dann können wir mit dem Tauchergleichnis von Frankl bestens anschließen. Es ist nicht nur gefährlich, sich ständig (gedanklich) bei den »Riffen« am

Meeresgrund aufzuhalten, es ist auch gefährlich, zu schnell aus der Tiefe an die Oberfläche aufzutauchen. Viele Menschen in unserer hektischen Zeit stöhnen über ihren Berufs- und Familienstress und sehnen sich nach Wellness und Entspannung, doch übersehen sie dabei, dass auch die Entlastung ihre Tücken hat. Insbesondere eine abrupte Entlastung, etwa durch Urlaub, Krankenstand, Rentenbeginn, Erbschaft, Scheidung, Auszug der Kinder und ähnliches herbeigeführt, ist seelisch problematisch. Ehe man es bemerkt, nisten sich im entstandenen Vakuum neurotische »Unarten« wie Hypochondrien, Süchte, Dauerfrust, Torschlusspanik etc. ein und machen sich breit.

Ein gewisses, maßvolles Gefordertsein im Hier und Jetzt ist der Gesundheit rundum dienlich. Und zeichnet sich einmal ein baldiges Auftauchen aus einer Drucksituation ab, sollte man mittels freiwilligen Engagements versuchen, zumindest stufenweise in die »Ruhepause« hinüberzugleiten.

PROFESSIONELLE BEHANDLUNG

Zum Essen eingeladen?

Psychische Funktionen werden demnach vom Somatischen nur bedingt, aber nicht bewirkt. Was am ehesten noch wirklich bewirkt wird, sind die *Störungen* psychischer Funktionen …

Ebenso wie die somatische Erkrankung nicht mehr und nicht weniger als eine psychische Funktions*störung* bewirkt, so bewirkt nun auch die somatische (medikamentöse, chirurgische usw.) Behandlung nicht mehr und nicht weniger als eine funktionelle *Entstörung* psychischer Funktionen. Nach wie vor wird also unsere ursprüngliche Behauptung aufrecht erhalten, der zufolge Seelisch-Geistiges vom Leiblichen nicht bewirkt wird, sondern nur bedingt ist. Mit einem Wort: was durch die Erkrankung verunmöglicht wird, das wird durch die Behandlung wieder ermöglicht. Dies und dies allein besagt der Ausdruck »Wiederherstellung einer Funktion« …

Nehmen wir ein alltägliches Beispiel: Jemand wird »zum Essen« eingeladen: Ist er dann wirklich zum Essen eingeladen? Die Gastgeber würden sich gewiss bedanken, wenn ihr Gast diese Einladung solcherart wörtlich nähme, bzw. sich entsprechend benähme; er hätte sich ein grobes Missverständnis und einen gröblichen Verstoß gegen die guten Sitten zuschulden kommen lassen. Denn nicht sattzuessen – mitzuplaudern ist er da; aber was heißt das anderes, als dass das gute Essen dazu da ist, die Konversation ebenfalls nur zu »ermöglichen«, sie von den störenden Einflüssen allenfalls knurrender Mägen unabhängig zu machen. Auch der Mokka, der da nach Tisch gereicht werden mag, dient nicht dazu, die Unterhaltung eigentlich zu bewirken, sondern nur zu bedingen – insofern er nämlich die Teilnehmer von etwaiger Ermüdung befreit.

KOMMENTAR

Wir haben im vorigen Abschnitt über seelische Fehlhaltungen nachgedacht und wollen uns nun der Frage nach ihrer therapeutischen Korrektur zuwenden. Welche Empfehlungen hinterließ Frankl seinen Schülern?

Zunächst nahm er ihnen den Allmachtsglauben. Was Ärzte, Psychologen oder Psychotherapeuten maximal leisten können, ist die Entstörung bzw. Wiederherstellung psychischer Funktionen, damit das seelisch-geistige Leben der Patienten wieder in Freiheit und Eigenverantwortung vollzogen werden kann. Freies und selbstverantwortetes Leben wird sozusagen neu ermöglicht. *Was* die Patienten allerdings dann aus ihrem Leben machen, und für welche Zwecke sie ihre »entstörten Funktionen« einsetzen, liegt nicht mehr in der Hand der Therapeuten. Menschen können sich in Freiheit für Wundervolles, aber auch für puren Unsinn entscheiden.

Das Beispiel vom Gastgeber, der seinen Gästen einen schmackhaften Imbiss und danach einen Mokka serviert, verdeutlicht die Therapiesituation. Das dargereichte Essen sowie der aufmunternde Kaffee schaffen eine angenehme Konversationsatmosphäre. Das ist das Maximale, was ein Gastgeber tun kann. Ob das Gespräch zwischen den geladenen Personen dann einen guten oder schlechten Verlauf nimmt, ob es harmonisch dahinplätschert oder sich dramatisch zuspitzt, oder gar in einen Streit einmündet, hängt nicht mehr von der Bewirtung ab. Der Gastgeber kann knurrende Mägen und zufallende Augen verhindern, aber was die Gäste samt satten Mägen und offenen Augen inszenieren, ist *ihres* nicht *seines*.

Analog können Therapeuten ihren Patienten keine Entscheidungen abnehmen. Sie können im günstigsten Fall deren Entscheidungsfähigkeit erhöhen und deren Erkenntnishorizont vergrößern; doch was die Patienten schlussendlich mit ihrem Leben »plaudern«, bestimmen diese allein.

Ein Spiegel mit Flecken

Da die geistige Person nicht unter allen Umständen durch den psychophysischen Organismus hindurch wirksam ist – aus ebendiesem Grunde ist sie auch nicht unter allen Umständen durch den psychophysischen Organismus hindurch sichtbar; ebendarum, weil dieses Medium träge ist – ebendarum ist es auch trübe.

Sofern der Organismus – nicht zuletzt im Krankheitsgeschehen – ein Spiegel ist, in dem sich die Person spiegelt, ist dieser Spiegel nicht fleckenlos. Mit anderen Worten: Nicht jeder Fleck an ihm ist der Person zurechenbar, die sich in ihm spiegelt. Keineswegs ist der Leib des Menschen ein getreues Spiegelbild seines Geistes – dies gälte von einem »verklärten« Leib; nur ein verklärter Leib wäre repräsentativ für die geistige Person; der Leib des »gefallenen« Menschen jedoch stellt einen zerbrochenen und darum verzerrenden Spiegel dar …

… Solange wir uns dessen bewusst bleiben, dass der Mensch nicht alles, was er als geistige Person will, bei sich selbst als psychophysischer Organismus auch durchzusetzen vermag, werden wir uns davor hüten, alles Kranksein am Leibe einem Versagen im Geiste anzulasten. Gewiss hat jede Krankheit ihren »Sinn«; aber der wirkliche Sinn einer Krankheit liegt nicht im Dass des Krankseins, vielmehr im Wie des Leidens, und so muss denn dieser Sinn jeweils erst der Krankheit gegeben werden, und es geschieht dies, wann immer der leidende Mensch im rechten, aufrechten Leiden echten Schicksals den möglichen Sinn schicksalhaft notwendigen Leidens erfüllt – in der Auseinandersetzung seiner selbst als geistiger Person mit der Krankheit als Affektion des psychophysischen Organismus. In der Auseinandersetzung mit dem Schicksal des Krankseins, in der Einstellung zu diesem seinem Schicksal, erfüllt der kranke Mensch einen – nein: den tiefsten Sinn, verwirklicht er einen – nein: den höchsten Wert.

KOMMENTAR

Nach dem Allmachtsglauben verbat sich Frankl noch einen weiteren Irrtum bei seinen Schülern, nämlich den psychologistischen Doppelwahn, dass

1. jede leibliche Krankheit Spiegelbild einer seelischen Not sein müsse, und
2. jede Krankheit einen versteckten und erst zu enträtselnden Sinn habe.

Derlei Ideen grassieren vorwiegend in den Köpfen halb gebildeter Möchte-gern-Therapeuten, die es mit ihren Mitmenschen durchaus gut meinen, aber trotzdem allerlei Schaden anrichten können. Frankl trat ihnen energisch entgegen. Materie – aus der unser Körper ja besteht – ist anfällig und hinfällig. Jedes Möbelstück wird alt und zerfällt irgendwann, ohne dass es vorher »traumatisiert«

worden ist. Jeder Grashalm, jede Blume welkt, ohne dass sie sich vorher »geärgert« haben. Der Keim des Todes sitzt in jedem Molekül einer organischen Zelle. Mehr noch: Der Leib ist schon gar nicht ein getreues Spiegelbild des Geistes. Der Leib kann zwar einen Hauch vom Innersten des Menschen widerspiegeln, aber optisch verzerrt …

Genauso hat das Zerfallen eines Möbelstückes, für sich genommen, keinen versteckten Sinn, und das Verwelken von Blumen und Grashalmen auch keinen, außer dem offenkundig naturgegebenen, dass die nächsten Generationen Platz brauchen. Der wahre Sinn, der von einem *Menschen* (im Unterschied zu Möbeln und Pflanzen) im Krankheitsfall sich selbst abgerungen werden kann und muss, liegt im würdigen und aufrechten Ertragen des unabänderlichen Teils seines Krankheitsleidens.

Kann ihm der Therapeut *dabei* Unterstützung bieten, macht er seinem Berufsstand alle Ehre.

In der Wand erschlaffen

Ohne die Sicht auf den einzigartigen Sinn seines einmaligen Seins muss der Mensch in schwierigen Situationen erlahmen. Es muss ihm so ergehen wie dem Bergsteiger, der in einen dichten Nebel gerät und, ohne Ziel vor Augen, der lebensgefährlichen Müdigkeit zu erliegen droht. Lichtet sich aber der Nebel, wird gar die Schutzhütte in der Ferne sichtbar, dann fühlt er sich auf einmal wieder frisch und bei Kräften. Welcher Kletterer kennt nicht das typische Erlebnis des Erschlaffens, wenn er »in der Wand« ist und nicht weiß, ob er sich nicht auf einer falschen Route befindet, vielleicht auf ein falsches Felsband geraten ist; bis er plötzlich den »Ausstiegskamin« erblickt und jetzt, wo er sich nur ein paar Seillängen unterhalb des Gipfels weiß, neue Kräfte in seine flott zugreifenden Arme einschießen fühlt.

KOMMENTAR

Neben den besprochenen »Stoppschildern« (Allmachtsglaube, psychologistischer Doppelwahn) errichtete Frankl lehrreiche »Wegweiser« für auszubildende Fachleute. Der monumentalste »Richtungspfeil« darunter, den keiner verfehlen sollte, der in einem Heilsberuf tätig ist, ist die *Besinnung auf den Sinn*.

Immer, wenn Menschen massiv zu zweifeln beginnen: an sich selbst, an ihrem Wert, an ihrer Zukunft, an ihren Chancen, an ihrem Angenommensein usf., verlieren sie an Kraft. Sie erschlaffen wie ein Kletterer in der Wand und rutschen beim kleinsten Anlass vom Zustand des Zweifelns in den Abgrund der Verzweiflung. Die Metapher vom Bergsteiger mitten im Nebel, der kein Ziel mehr vor Augen hat und lebensgefährlich müde ist, weckt wohl in jedem von uns ein nachfühlbares Bild. *Was* gewährt dem Bergsteiger den rettenden Kräfteschub, der gerade ausreicht, um heil aus der Wand zu kommen? Das Aufreißen es Nebels und die plötzliche Sicht auf die Schutzhütte in der Ferne, meinte Frankl, der bis über sein 80. Lebensjahr hinaus begeisterter Alpinist gewesen ist. Die Sicht auf etwas Wichtiges, Bergendes, Sinnspendendes lässt neue Kräfte einschießen und die Arme flott zugreifen …

Was sollten die Heilsberufler daraus lernen? Dass ihren Patienten die *Sicht auf den einzigartigen Sinn ihres einmaligen Seins* rückzugewinnen ist. Wie? Na ja, indem »Nebel aufgerissen werden«. Aber nicht irgendwo, sondern exakt in der Sichtlinie zwischen »Bergsteiger« und »Schutzhütte«, sprich, zwischen den Patienten und ihren auf sie wartenden sinnvollen Lebensaufgaben. Dies erfordert von den Heilsberuflern mehr als das Beherrschen von »Aufreißmethoden«. Erstklassige therapeutische Fachkräfte sind in der Lage, fremde Sinnerfüllungsmöglichkeiten zu orten, noch ehe sie für die Betreffenden wahrnehmbar sind – sie zu orten und transparent zu machen!

Der kalifornische Fluglehrer

Sie werden mir nachsagen, dass ich mit meiner Hypothese von einem Willen zum Sinn den Menschen auf ein hohes Podest stelle, dass ich ihn überschätze und damit auch überfordere. In diesem Zusammenhang fällt mir aber immer ein, was mir einmal mein kalifornischer Fluglehrer gesagt hat: »Angenommen, ich will nach Osten fliegen, während ein Seitenwind von Norden kommt, dann würde ich mit meinem Flugzeug nach Südosten abgetrieben werden; steuere ich hingegen die Maschine nach Nordosten, dann fliege ich tatsächlich nach Osten und lande dort, wo ich landen will.«

Ergeht es uns aber mit dem Menschen nicht ebenso? Nehmen wir ihn einfach so, wie er ist, dann machen wir ihn schlechter; nehmen wir ihn hingegen so, wie er sein soll, dann machen wir ihn zu dem, der er werden kann. Das hat mir allerdings nicht mein kalifornischer Fluglehrer gesagt, sondern das ist bekanntlich ein Wort von Goethe.

KOMMENTAR

Der monumentale »Richtungspfeil«, den Frankl mit der Betonung der Sinnperspektive errichtet hat, ist in der Fachwelt nicht unwidersprochen geblieben. Das Hauptgegenargument hat stets gelautet, dass der Mensch in Wirklichkeit nicht so kulturell fortgeschritten und so hoch-geistig interessiert sei, wie es die Franklsche These vom primären Sinn-Willen postuliert. Gemäß dem altrömischen Wort, dass das Volk lediglich »Brot und Spiele« benötige, um ruhig und friedlich zu sein, waren und sind die Frankl-Kritiker der Überzeugung, dass körperliche (= »Brot«) und psychische (= »Spiele«, Spaß, Fun) Lustbefriedigungen genügen, um Probleme zu reduzieren.

Die Jahrzehnte des europäischen Wohlstands, die hinter uns liegen, müssten sie eigentlich eines Besseren belehrt haben. Wir haben nicht nur »Brot« und »Spiele« im Überfluss, sondern auch Probleme im Überfluss gehabt. Die antike Sagung ist nicht aufgegangen.

Warum nicht, hat Frankl seinem Fluglehrer in Kalifornien abgeguckt. Fliegt man schnurstracks auf ein Ziel zu, treibt einen der Seitenwind ab. Nagelt man den Menschen an seinen primitiven Bedürfnissen fest, erhält man einen unmenschlichen Primitivling. Steuert man hingegen sein Flugzeug schräg gegen den Wind am Ziel vorbei, landet man im Ziel. So ist es auch mit dem Menschen. Hebt man ihn eine Etage über seine primitiven Anlagen hinaus, erhält man ihn, wie er wirklich ist: eine Spur höherstehend, kulturell interessierter und sinnwilliger als jener verzeichnete Homunkulus, der bloß abgesättigt zu werden braucht.

Ärzte sind keine Schwimmlehrer

Es wäre pharisäisch, würde der Arzt, angesichts des Leidens eines Ungläubigen, schadenfroh sein und sich denken: Wäre er doch gläubig, dann fände er Zuflucht beim Priester. Wenn ein Nichtschwimmer in Ertrinkungsgefahr ist, so sagen wir uns ja ebenfalls nicht: Hätte er doch schwimmen gelernt. Sondern wir leisten Hilfe – auch wenn wir nicht Schwimmlehrer sind. Ärztliche Seelsorge ist keine Hybris. Wo der Arzt nicht ärztlich behandelt, sondern seelsorglich handelt, befindet er sich in einer Zwangslage. Lassen die Patienten sich an den Priester nicht überweisen, was sie »fast immer ablehnen« (G. R. Heyer), so soll sie der Arzt nicht abweisen; denn »– er mag das wollen oder nicht – in der Lebensnot außerhalb des Krankseins zu raten ist dem Arzt vielleicht heute an Stelle des Seelsorgers auferlegt«, und »man kann nicht ändern, dass die Menschen in Lebensnot heute zum größeren Teil nicht den Seelsorger, sondern den lebenserfahrenen Berater im Arzt suchen« (H. J. Weitbrecht).

Wir leben eben in einem säkularisierten Säkulum und dürfen uns nicht wundern, wenn auch die Seelsorge säkularisiert ist. Allein, wir gehen wohl nicht fehl, wenn wir vermuten, dass hinter diesem psychotherapeutischen Bedürfnis das alte und ewige metaphysische Bedürfnis steht, das heißt das Bedürfnis des Menschen, sich Rechenschaft abzulegen über den Sinn des Daseins.

Die Frankl-Kritiker sind sozusagen allergisch gegen die »höhere Etage«. Wir haben gehört, dass sie befürchten, Menschen (und speziell Patienten in den nervenärztlichen Praxen) würden überfordert, wenn man ihnen ein Suchen und Ringen nach Sinn im Leben unterstellt. »Brot und Spiele« würden genügen ... Parallel dazu lehnen die Frankl-Kritiker die »höhere Etage« bei den behandelnden Ärzten und Therapeuten ab. Diese mögen sich nicht auf seelsorgerliches Gebiet versteigen, indem sie sich auf die brenzlige Frage nach dem *Sinn des Leidens* einlassen. Mögen die Patienten mit ihrem Aufschrei, wie der liebe Gott so schrecklich viel Schmerz ringsum tolerieren könne, zu ihren Priestern gehen ...

Frankl nannte eine solche Position pharisäisch, bzw. erachtete sie als zynisch. Einerseits bemüht man sich im psychotherapeutischen Gespräch, eine breite Vertrauensbasis zu den Ratsuchenden herzustellen, und andererseits soll man sie just dann weg- und weiterschicken, wenn sie ihre tiefste »metaphysische Not« offenbaren, weil sie ihr Leid nicht in eine zu bejahende Welt einordnen können. Das ist nicht stimmig! Wenn es denn sein muss, muss ein Arzt auch »Ärztliche Seelsorge« leisten, so Frankl.

Wenn ein Nichtschwimmer in Ertrinkungsgefahr ist, wird man ihn nicht an den

Schwimmlehrer verweisen, sondern man wird ihn aus dem Wasser holen. Danach ist der Gang zum Schwimmlehrer immer noch offen. Entsprechend sollte jeder Therapeut darauf vorbereitet sein, im Ernstfall aus der gröbsten »metaphysischen Not« heraushelfen zu können. Aus diesem Grund hat Frankl seinen Schülern ein reichhaltiges Repertoire an philosophischen Leidbewältigungsstrategien mit auf den beruflichen Weg gegeben.

Welche Schätze aus der »Ärztlichen-Seelsorge-Kunst« sein Erbe enthält, wissen wir erst heute, Jahre nach seinem Tod, zu ermessen. Denn heute ist das Bewusstsein dafür gewachsen, dass man Menschen – gläubige oder ungläubige – im Schock nicht allein lassen darf. Bei allen Katastrophen ist es neuerdings Brauch, neben Seelsorgern auch eine Schar von Traumatologen und Psychologen zuzuziehen. Bleibt nur zu hoffen, dass letztere zumindest eine Ahnung von den Franklschen Schätzen haben!

Maler oder Augenarzt?

Wir können in der Logotherapie nur dazu beitragen, dass das Gesichtsfeld eines Patienten erweitert wird. Wenn Sie mich fragen: Sinn finden oder Sinn erfinden? so sage ich eindeutig: Der Logotherapeut ist kein Maler, sondern ein Augenarzt. Der Maler malt die Welt, wie *er* sie sieht –

der Augenarzt aber verhilft dem Patienten dazu, dass er die Welt sehen kann, wie sie ist, wie sie *für den Patienten* ist. Das heißt, er erweitert dessen Horizont, dessen Gesichtsfeld für Sinn und Werte.

KOMMENTAR

Wir haben im Bergsteigergleichnis erfahren, dass der Blick auf eine Sinnperspektive wieder Kraft zufließen lässt, selbst dann, wenn man gerade entmutigt »in der Wand hängt«. Das Gleichnis eignet sich für eine wichtige Zusatzergänzung, die Frankl, wenn er vom Sinn sprach, stets anzufügen pflegte: Gemeint ist kein subjektives Sinnkonstrukt, sondern eine reale Sinnmöglichkeit, die auf einen Menschen und dessen persönliche Einsatzbereitschaft »wartet«. Dem Bergsteiger ist ja auch keine Fata Morgana von Nutzen, die er sich erträumt, sondern nur eine reale Schutzhütte, die oben in den Bergen auf ihn wartet.

Subjektive Sinnsurrogate gibt es genügend in der Welt, aber sie korrespondieren nicht mit des Menschen Willen zum Sinn, sondern unterlaufen diesen eher. Suchtmittel wie Glücksspiele oder Drogen suggerieren kurzfristige Sinnerlebnisse, Sekten bieten »Sinnkonsum« in einer Gemeinschaft an, Fanatismen wie Arbeitswut, Drill, politische Attacken (»heilige Kriege«) etc. gaukeln sinnvolle Aktionen vor. Allein, der Sinn ist nicht von Menschenhand gemacht und nicht vom Menschenhirn ausgedacht, sondern *»war im Anfang«* (Johannesevangelium). Er kann nicht erfunden, sondern nur gefunden werden.

Der Vergleich zwischen dem Maler und dem Augenarzt trifft den Nagel auf den Kopf. Die Landschaft, die der Maler auf seine Leinwand malt, ist eine von ihm »erfundene«. Möglich, dass er sie von der Natur abgemalt hat, dennoch *ist sie eben nicht* Natur. Die Landschaft hingegen, die der wieder sehen Könnende sieht, ist eine »gefundene«, sie *ist* Natur. Freilich eine durch die Augen des Sehenden wahrgenommene und insofern keine total objektive, aber trotzdem eine, die nicht vom Sehakt des Sehenden erzeugt wird, sondern vielmehr unabhängig davon existiert.

Jetzt wird verständlich, warum Frankl seinen Schülern ans Herz gelegt hat, sich mit einem Augenarzt zu identifizieren und nicht mit einem Maler. Logotherapeutisch arbeiten heißt, das Gesichtfeld von Personen für den transsubjektiven Sinn der Situation und für reale Werte in der Welt zu erweitern.

DAS »SINN-ORGAN« GEWISSEN

Der Hund unter dem Bett

Denken wir nur an das Gewissen: Eine typisch reduktionistische Theorie betrachtet dieses spezifisch menschliche Phänomen als das bloße Resultat konditionierender Prozesse.

Ein Hund, der sich nicht zimmerrein verhält und mit eingezogenem Schwanz unters Bett kriecht, legt tatsächlich ein Verhalten an den Tag, das sich ohne weiteres als das Resultat konditionierender Prozesse auffassen lässt. Ist es doch von einer Art Erwartungsangst diktiert, nämlich der ängstlichen Erwartung von Strafe. Das Gewissen hat mit dergleichen Ängsten nichts zu tun. Solange Furcht vor Strafe, Hoffnung auf Lohn oder der Wunsch, dem Überich zu gefallen, menschliches Verhalten bestimmen, ist ja das wirkliche Gewissen noch gar nicht zu Wort gekommen.

KOMMENTAR

Es war die Rede vom »Seelen-Augenarzt«, der sich bemüht, das Erschauen von Sinnmöglichkeiten zurückzuschenken. Dabei soll er nicht seine eigenen »Augen« verschenken, sondern die »Augen« eines anderen in ihrer Sehkraft ertüchtigen. Fragen wir uns: Mit welchen »Augen« vermögen wir Menschen überhaupt Sinn zu sehen? Antoine de Saint-Exupéry hat es mit dem Satz ausgedrückt: »Man sieht nur mit dem Herzen gut«. Allerdings ist »Herz« ebenso ein Symbol wie das Augensymbol. Das sprachlich am besten passende symbolfreie Wort für unser »Sinn-Organ« ist: *Gewissen*. Das Gewissen ist der »gewisseste« Maßstab für das Rechte und Richtige im rechten und richtigen Moment, den wir haben.

Frankl war überzeugt, dass ein solches »Sinn-Organ« in jedem Menschen existiert und sogar dessen Mensch- und Personsein konstituiert. Die Person ist »durchklungen« und durchtönt vom Wispern ihres Gewissens, das ihr jeweils rät, was sinnvollerweise zu tun oder zu unterlassen ist. Frankl warnte jedoch vor einer Vermischung jenes spezifisch menschlichen Phänomens mit der angelernten und eingetrichterten Überich-Stimme aus dem Freudschen Vokabular. Das Überich meint im Wesentlichen die Angst vor Strafe, die im Nacken sitzt – und dies nicht nur bei unfolgsamen Hunden, die sich unter Betten verkriechen. Auch wir Menschen würden uns manchmal aus Angst vor zu erwartender Kritik am liebsten unter (bzw. in) unseren Betten verkriechen.

Das echte »Sinn-Organ« Gewissen kennt dergleichen nicht. Angst vor Strafe oder Gier nach Belohnung sind ihm völlig fremd. Es ist reine Schau; die Schau des Guten, Wahren und Schönen. Es ist Intuition, Feingespür und Herzensweisheit. Es ist die Antenne für das Transzendente, das uns durchweht.

Weiß ein Therapeut seinen Patienten mit dessen echter Gewissensstimme wieder in Verbindung zu bringen, befreit er ihn aus dem hündischen Verkrochensein und hebt ihn auf das humane Niveau selbstverantwortlichen Handelns hinauf, das einzig seiner würdig ist.

Vakatwucherung

Gerade erst bin ich aus Moskau zurückgekehrt, wo ich bereits vor einigen Jahren gewesen war – noch unter Breschnew –, sodass ich die dortigen Zustände nicht nur mit denen im Westen vergleichen konnte, sondern auch mit denen der vergangenen Jahre. Mehr als sieben Jahrzehnte hindurch hatte man in der Sowjetunion die These von Marx »Religion ist Opium fürs Volk« hochgehalten. Inzwischen aber war dort der Marxismus selbst zur Religion geworden.

Doch mit der Pleite der marxistischen Zwangsideologie galt es nicht mehr, ihr gegenüber zum Gehorsam zu erziehen, vielmehr hätte – ich möchte sagen – die *Erziehung zum Gehorsam* abgelöst werden müssen von einer *Erziehung zum Gewissen*. Aber die Erziehung zum Gewissen braucht ihre Zeit, und in der Zwischenzeit etabliert sich im

Osten ein zusätzliches Vakuum, ein vertieftes Sinnlosigkeitsgefühl. Denn das Gewissen ist ja das in die menschliche Seele »eingebaute« Sinn-Organ, das die Funktion hat, der jeder einzelnen Situation innewohnenden, in ihr »schlummernden« Sinnmöglichkeit gewahr zu werden.

Nun wissen wir Ärzte aus der Pathologie, dass es sogenannte Vakatwucherungen gibt, das heißt, dass dort, wo ein Organ atrophiert, wo also – sagen wir im alternden Herzen – die Muskelzellen zugrunde gehen, in die solcherart entstandenen Freiräume Fettgewebe hineinwuchert. Analog kommt es aber auch massenpsychologisch gesehen zu Vakatwucherungen ins existentielle Vakuum hinein, und es sind ebendiese Vakatwucherungen, die dann die »Pathologie des Zeitgeistes« ausmachen.

KOMMENTAR

Der Hinweis Frankls, dass eine »Erziehung zum Gehorsam« von einer »Erziehung zum Gewissen« abzulösen sei, ist nicht nur für das Ende totalitärer Regime interessant. Mit diesem Hinweis hat Frankl eine pädagogische Richtlinie aufgespannt, die für jeden Übergang von autoritären zu demokratischen Systemen gültig ist. Letztlich gilt sie für die Kindererziehung genauso, die ja beim noch unreifen Kleinkind ein Mindestmaß an Gehorsam gegenüber den Eltern einfordern muss, während sie beim heranreifenden Kind sukzessive zur Orientierung nach dem eigenen sich allmählich entwickelnden Gewissen einladen darf.

Misslingt dieser Übergang, indem Menschen entweder im totalitären/autoritären Zwangssystem steckenbleiben oder vom totalitären/autoritären Zwangssystem in ein Vakuum entlassen werden, hinkt die Entwicklung ihres Gewissens nach. Wahre Reife findet dann nicht statt.

Um die Folgen zu beschreiben, zog Frankl eine Parallele aus der Anatomie. Wo gesundes Gewebe schrumpft, wuchert ungesundes Gewebe hinein, und wo das Gewissen schrumpft (oder unentwickelt stagniert), wuchert Fehlverhalten hinein. So ist wohl vieles, was uns gegenwärtig in Bezug auf den Zustand der Völkergemeinschaft betrüblich stimmt, als »Vakatwucherung« zu erklären. Solange die »Erziehung zum Gewissen« nicht intensiv angekurbelt wird, sei es pädagogisch im Kleinen, sei es politisch im Großen, werden wir allesamt unter den »Pathologien des Zeitgeistes« zu leiden haben.

Ein Schilling für den Bettler

Nun, die Dinge haben auch einen Eigen-sinn, je ihren Eigen-wert. Aber welche Bewandtnis hat es mit diesem Eigenwert? Nehmen wir ein möglichst alltägliches Beispiel: Ich halte einen Schilling in der Hand. Ist dieser Schilling wirklich einen Schilling wert? Oder hat er nicht vielmehr einen je anderen Wert je nachdem, ob ich ihn behalte oder etwa einem Bettler schenke? Hat er nicht für den Bettler einen höheren Wert, wäre es nicht gar denkbar, dass er jemandem gegeben werde, für den er den höchstmöglichen, seinen vollen Wert hätte? Und heißt nicht erst dies, dem Schilling zu seinem Eigenwert verhelfen? – So zeigt sich denn, dass ich, indem ich den Schilling dem Bettler gebe, dem Schilling einen Mehrwert gebe; dass ich dann nicht nur dem Bettler zu einem Schilling verhelfe, sondern auch dem Schilling zur Sinnerfüllung, zur Erfüllung seines Eigen-sinns.

So sehen wir, dass die im Alten Testament soviel gerühmte, als höchster Personenwert hingestellte Tugend der Gerechtigkeit nichts anderes sein dürfte als Sachgerechtigkeit – Sachlichkeit. Einer Sache gerecht werden aber und insofern sachlich sein meint nichts weiter als: Sie ihrem höchstmöglichen Wert zuzuführen. Dies gilt ja schließlich nicht nur von Sachen, sondern auch von Menschen, von Personen. Denn auch wenn wir einem Menschen helfen, einen Menschen »heilen«, – auch dann tun wir letztlich nichts anderes als ihn je seinem, dem ihm und ihm allein vorbehaltenen höchsten Wert zuführen – dem ausschließlich jeder einzelnen Wertperson möglichen höchsten Wert.

Nicht zufällig definierte Max Scheler das »Heil« als den höchstmöglichen Wert einer Person.

Im obigen Abschnitt gab uns Frankl eine Kurzinstruktion, wie die von ihm favorisierte »Erziehung zum Gewissen« vor sich gehen könnte. *»Verhilf Sachen und Personen zu ihrem höchsten Wert«* – so etwa könnte die Erziehungsmaxime lauten. Ein Schilling, heute ein Euro, dient als Minibeispiel. Für wen oder wie gelangt die Münze zu ihrem höchsten Wert? Wenn ich sie im Sparschwein horte? Wenn ich sie in einen Zigarettenautomaten werfe? Wenn ich sie einem Bedürftigen in die Hand drücke? Die Antwort wird nicht verallgemeinerbar sein, aber es ist gut vorstellbar, dass die Münze zu einem bestimmten Zeitpunkt in der Hand des Bedürftigen ihren optimalen Sinn erfüllt. Sollte mein »Sinn-Organ« Gewissen zu jenem Zeitpunkt diese Vorstellung in meine Seele einpflanzen, bin ich gebeten, sie zu realisieren.

Frankl ging soweit, in Anlehnung an Max Scheler das »Heil« darin zu sehen, dass nicht nur Dinge, sondern insbesondere Personen zu ihrem optimalen Wert gelangen. Von daher verstehen wir, dass er darauf beharrte, die Welt sei zwar nicht heil, aber heil*bar*. Eine heile Welt wäre eine Welt umfassender Sach- und Menschengerechtigkeit. Zugegeben, dies ist Utopie. Dennoch: Unser »Sinn-Organ« wispert und wispert, erzählt von Güte und Barmherzigkeit, von Achtung und Respekt, von Friede und Freundschaft, vom Teilen und von der Toleranz. Es pflanzt Vorstellungen vom »Heil« in unsere Seelen ein und hofft – dass nicht alle dieser Visionen verdorren.

Samuel versteht nicht

Im 1. Buch Samuel (3,2–9) wird geschildert, wie Samuel als Knabe eines Nachts gemeinsam mit dem Hohepriester Eli im Tempel schläft. Da weckt ihn eine Stimme, die ihn mit Namen ruft. Er erhebt sich und wendet sich an Eli, um ihn zu fragen, was er, Eli, von ihm wünsche; der Hohepriester aber hat ihn gar nicht gerufen und befiehlt ihm, sich wieder schlafen zu legen. Dasselbe wiederholt sich ein zweites Mal, und erst beim dritten Mal weist der Hohepriester den Knaben an, das nächste Mal, wenn er seinen Namen rufen hört, aufzustehen und zu sagen: »Sprich, Herr, denn dein Knecht hört!«

Sogar der Prophet hat also, da er noch ein Knabe war, den Anruf, der von der Transzendenz an ihn erging, als solchen verkannt. Wie sollte da ein gewöhnlicher Mensch imstande sein, den transzendenten Charakter jener Stimme, die er aus seinem Gewissen heraushört, ohne weiteres zu erkennen? Und wie sollte es uns da wundern, wenn er die Stimme, die im Gewissen zu ihm spricht, gewöhnlich für etwas hält, das lediglich in ihm selbst begründet ist?

Wir haben die persönliche Gewissensstimme von der Stimme eines aufoktroyierten Überichs abgegrenzt. Frankl wagte noch eine zweite Grenzziehung: Hinter der persönlichen Gewissensstimme stehe eine überpersönliche, divine Instanz. Zu dieser Behauptung gehört Mut, denn in ihr äußert sich der Glaube an eine »Himmelswurzel« des Menschen. Und doch steckt in ihr auch Logik. Denn wie könnte das »Sinn-Organ« Gewissen unser gewissester ethischer Maßstab sein, wenn wir ihn uns selbst beliebig zurechtzimmern könnten? Nein, da der Sinn nicht von Menschenhand gemacht und nicht vom Menschenhirn ausgedacht ist, sondern *»im Anfang war«* (Joh), müssen auch die Signale, die unser »Sinn-Organ« Gewissen empfängt, aus *»jenem Anfang«* oder *»jener Ewigkeit«* stammen, wie immer man es bezeichnen will.

Wie schwer der transzendente Charakter der Gewissensstimme im Licht nüchterner Wissenschaftlichkeit zu begreifen ist, verdeutlichte Frankl mit der Samuelgeschichte aus dem Alten Testament. Der Knabe hörte, aber verstand nicht, wer ihn rief.

Und wir? Hören wir … oder schlafen wir weiter? Und falls wir hören, verstehen wir? Verstehen wir, wer uns ruft? Es ist wirklich ein Jammer, dass wir keinen Eli an unserer Seite haben!

VOM SINN DES LEBENS

Symphonie und Alpenglühen

Sollte jemand daran zweifeln, dass der aktuelle Sinn eines bestimmten Augenblicks im menschlichen Dasein in bloßem Erleben erfüllt werden kann, also jenseits allen Tuns und Handelns, aller Wertverwirklichung durch Aktivität, dann sei er auf folgendes Gedankenexperiment verwiesen.

Er stelle sich vor, dass ein musikalischer Mensch im Konzertsaal sitzt und an seinem Ohr soeben die eindrucksvollsten Takte seiner Lieblingssymphonie vorüberrauschen, so dass er nur jenen Schauer empfindet, den man angesichts reinster Schönheit erlebt; er stelle sich nun vor, dass man diesem Menschen in einem solchen Moment die Frage vorlegen könnte, ob sein Leben einen Sinn habe; der so Befragte würde wohl antworten müssen, dass es schon dafürgestanden wäre zu leben, allein um jenen verzückten Augenblick zu erleben. Denn wenn es sich auch nur um einen Augenblick handelt – schon *an der Größe eines Augenblicks lässt sich die Größe eines Lebens messen*: die Höhe einer Bergkette wird ja auch nicht nach der Höhe irgendeiner Talsohle angegeben, sondern ausschließlich nach der Höhe des höchsten Berggipfels. So entscheiden aber auch im Leben über dessen Sinnhaftigkeit die Gipfelpunkte, und ein einziger Augenblick kann rückwirkend dem ganzen Leben Sinn geben. Fragen wir einen Menschen, der, auf einer Hochtour begriffen, das Alpenglühen erlebt und von der ganzen Herrlichkeit der Natur so ergriffen ist, dass es ihm einfach kalt über den Rücken läuft – fragen wir doch einmal ihn, ob nach solchem Erleben sein Leben noch jemals gänzlich sinnlos werden kann.

KOMMENTAR

In der sinnzentrierten Psychotherapie namens Logotherapie fahnden wir nach dem »aktuellen Sinn eines bestimmten Augenblicks« im Leben unserer Patienten. Das heißt, wir thematisieren nicht *den* Sinn ihres Lebens schlechthin, sondern den *partiellen* Sinn von Vergangenem, Gegenwärtigem oder Zukünftigem, das sie beschäftigt.

Es gibt jedoch »Verbindungsfäden« zwischen partiellem und holistischem Sinn, und einen solchen Verbindungsfaden hat Frankl im obigen Doppelgleichnis geknüpft. Die Klangpracht einer traumhaft schönen Symphonie, die überwältigende Szenerie eines blutroten Alpenglühens u. Ä. können derart tief empfunden werden und derart lange in einem Menschen nachschwingen, dass sie dessen ganzes Leben unauslöschlich bereichern. Sie hinterlassen »Sinngravuren«, die nicht mehr auszumerzen sind, von keinerlei Besorgnis, die dieses Leben später noch verdunkeln mag.

Frankl betonte deshalb zu Recht, dass Sinnerfüllung nicht allein durch Emsigkeit und Kreativität zu leisten ist. Auch das passive Erleben, das Rezeptive und Kontemplative, »füllt« Leben mit Sinn. Dieser Gedanke ist von eminenter Aussagekraft. Denn er spricht all jenen Personen, die schwäche-, krankheits- oder altersbedingt nicht mehr viel tun können, die sich also mittels Arbeit und Fleiß in ihrem mitmenschlichen Umfeld kaum nützlich machen können, dennoch ein hohes »Sinnpotential« zu. Liebend, erlebend, staunend und segnend vermögen sie sich innerlich aus der »Talsohle« ihres Elends in »Gipfelregionen« ihres Lebens hinaufzukatapultieren.

Das Ergriffensein, von welchen Werten auch immer, setzt unser Zeitgefühl außer Kraft und erlaubt uns, »himmelwärts« zu schweben.

Der beste Schachzug

Eine allgemein gültige, für alle verbindliche Lebensaufgabe muss uns in logotherapeutischer Sicht unmöglich erscheinen. In dieser Sicht ist die Frage nach »der« Aufgabe im Leben, nach »dem« Sinn des Lebens – sinnlos. Sie müsste uns vorkommen wie etwa die Frage eines Reporters, der einen Schach-Weltmeister interviewt: »Und nun sagen Sie, verehrter Meister – welcher ist der beste Schachzug?« Diese Frage lässt sich ebenso wenig allgemeingültig und ebenso nur in Bezug auf eine konkrete Situation (und Person) beantworten. Jener Schach-Weltmeister müsste, falls er die Frage überhaupt ernst nehmen würde, erwidern: »Ein Schachspieler soll so handeln, dass er nach Maßgabe dessen, was er kann, und dessen, was der Gegner zulässt, den jeweils besten Zug zu machen versucht.« Dabei wäre zweierlei zu unterstreichen:

Erstens »nach Maßgabe dessen, was er kann« – damit ist nämlich gemeint, dass auch die innere Lage, das, was man Anlage nennt, ins Kalkül zu ziehen ist; und zweitens wäre zu berücksichtigen, dass der betreffende Spieler immer nur »versuchen« kann, den in einer konkreten Spielsituation besten, d. h. den einer bestimmten Figurenstellung jeweils angepassten Zug zu machen. Wäre er nämlich von vornherein darauf aus, den absolut besten Zug zu machen, so müsste er, von Zweifeln und Selbstkritik geplagt, zumindest jene Zeit überschreiten, die ihm zur Verfügung steht, und das Spiel aufgeben.

Ganz analog verhält es sich nun mit dem Menschen, der vor die Frage nach dem Sinn seines Lebens gestellt ist; auch er kann diese Frage, soll sie als Frage Sinn haben, nur stellen im Hinblick auf eine konkrete Situation sowie auf seine konkrete Person; darüber hinaus wäre es fehlerhaft und krankhaft, wenn er sich in den Kopf setzte, das absolut Beste zu tun, statt bloß zu »versuchen«, es zu tun. Intendieren muss er das Beste wohl, sonst käme nicht einmal etwas Gutes heraus; aber gleichzeitig muss er verzichten können auf ein mehr als nur asymptotisches Erreichen seines Ziels.

KOMMENTAR

Wie hauchzart – wenn auch unentflechtbar – die »Verbindungsfäden« zwischen partiellem und holistischem Sinn sind, zeigte Frankl daran auf, dass er die Frage nach »dem« Sinn des Lebens selbst »sinnlos« nannte. Sie gliche der Frage nach »dem« besten Schachzug, die ja auch unbeantwortet bleiben muss.

Trotzdem ist klar, dass der Gesamtsinn eines Schachspieles mit der Klugheit und Sinnhaftigkeit der einzelnen Schachzüge, die während des Spieles gemacht werden, verbunden ist. Würden die beiden Spieler die Figuren am Brett nur irgendwie hin- und herschieben, würde das Spiel an Gesamtsinn verlieren.

Sehr weise führte Frankl an Hand des Schachbeispiels aus, wie der Mensch im Prinzip handeln soll, um »sein Leben zu gewinnen«. Erstens soll er sein eigenes Können (weder unter- noch überschätzend) ausschöpfen. Zweitens soll er sich nach den (weder zu über- noch zu unterschätzenden) Spielräumen richten, die ihm sein Gegner, das

»Schicksal«, einräumt. In dieser Berücksichtigungskombination von inneren Fähigkeiten und äußeren Möglichkeiten soll der Mensch *in Gelassenheit sein Bestes versuchen.*

Obwohl Frankl das Wort »Gelassenheit« nicht verwendete, betonte er im Schachbeispiel zweimal den notwendigen Verzicht auf perfektionistische Strebungen. Wäre ein Schachspieler darauf fixiert, unbedingt Sieger zu werden, müsste er, bei jedem Zug von tausend Zweifeln geplagt, das Spiel alsbald aufgeben. Mehr als ein asymptotisches Erreichen unserer Ziele steht uns nicht zu. »Wer sein Leben (unbedingt) gewinnen will, wird es verlieren …«

Demnach ist uns der akrobatische Akt abverlangt, im Leben unser Bestes zu versuchen, und dankbar zu sein, wenn Gutes dabei herauskommt.

Abertausende Filmszenen

Im Zusammenhang mit Logotherapie meint Sinn den konkreten Sinn einer Situation, mit der eine ebenso konkrete Person jeweils konfrontiert wird. Darüber hinaus gibt es selbstverständlich auch einen letzten, einen umfassenden Sinn. Nur gilt: Je umfassender der Sinn ist, umso weniger fasslich ist er auch. Es geht da um den Sinn des Ganzen, um den Sinn des Lebens als eines Ganzen, und ich kann mir nicht vorstellen, dass es eines Psychiaters, überhaupt eines Wissenschaftlers, würdig ist, von vornherein, aufgrund apriorischer Voraussetzungen, um nicht zu sagen ideologischer Indoktrinationen, auch nur die bloße Möglichkeit eines solchen (nicht unikalen, sondern) universalen Sinnes schlechtweg in Abrede zu stellen.

Wie verhält sich nun der »konkrete Sinn der Situation« zu diesem universalen Sinn? Ich möchte ein Gleichnis heranziehen: Denken wir doch nur an einen Film – er setzt sich aus Tausenden und Abertausenden von einzelnen Szenen zusammen, und jede einzelne trägt an den Zuschauer einen Sinn heran; aber der Sinn des ganzen Films dämmert uns erst gegen Ende der Vorstellung – vorausgesetzt, dass wir zunächst einmal auch den Sinn jeder einzelnen Szene »mitbekommen«! Und ergeht es uns im Leben nicht analog? Enthüllt sich uns der Sinn unseres Lebens, wofern überhaupt, nicht ebenfalls erst zuletzt? Und hängt dieser *End-Sinn* unseres Lebens nicht ebenfalls davon ab, ob wir zunächst einmal den Sinn jeder einzelnen Situation erfüllen, nach bestem Wissen und Gewissen?

KOMMENTAR

Da die »Verbindungsfäden« zwischen dem partiellen (Frankl: unikalen) und dem holistischen (Frankl: universalen) Sinn so hauchzart sind, bleiben sie »wenig fasslich«, praktisch unerfassbar. Nur in Ausnahmefällen glitzern sie auf, wie unsichtbare Spinnweben unter den schräg einfallenden Strahlen der Abendsonne.

Als den hervorstechenden Ausnahmefall erachtete Frankl das nahende Lebensende. Ähnlich wie sich der Gesamtzusammenhang eines Films im Allgemeinen erst gegen Schluss des Films abzeichnet, enthüllt sich der Gesamtsinn eines Menschenlebens am ehesten in der Vorkammer des Todes. Einem Sterbenden mag dämmern, wozu er auf der Welt gewesen ist, worum er sich hauptsächlich bemüht hat, was er gestaltet und verändert hat, welche Botschaften er in die Welt hineingetragen hat, welches Vorbild er darin deponiert hat, kurz, was authentisch *Seines* war, das es ohne ihn niemals gegeben hätte. Plötzlich glitzern die geheimnisvollen »Verbindungsfäden« zwischen dem »End-Sinn« seines Daseins und jeder winzigen Szene aus seinem Leben im Licht seines schwindenden Bewusstseins auf und geleiten ihn über die letzte Schwelle – in den numinosen, allumfassenden Sinn hinein, der »im Anfang war« … und sicher auch »im Ende« sein wird.

So bedenken wir, die wir noch mitten im Leben stehen, dass wir quasi Regisseure eines Films sind, der gerade gedreht wird, und dass wir mit jeder heutigen Szene mitbestimmen, was morgen als Gesamtaussage über unser Leben in die Ewigkeit eingehen wird.

Zum ernsten Thema hier noch eine heitere Liebesgeschichte von Stefan Vesper:

Ende gut, alles gut

Vor einigen Jahren fuhr ich auf der Autobahn von Bad Honnef nach Bonn. Da hatte jemand ein großes Betttuch bemalt und an einer Brücke über das Geländer gespannt. Auf dem Betttuch stand: »Christian, *ich will*«.

Ich freute mich über die Liebe, die sich da mitteilte, diese große Liebe, die nicht anders kann, als sich in die Welt hinauszurufen, diese grundlegende Annahme des Partners, die Zusage an ihn – und ich freute mich über das große Glück von Christian.

Während ich all dies dachte, war ich schon ein Stück weitergefahren. Da kam wieder eine Brücke und am Geländer hing wieder ein Betttuch, von gleicher Machart wie das vorherige, und da stand: *»dich nicht«*! Man kann sich meinen Ärger vorstellen, als ich das las. Diese Niedertracht, dem Christian gegenüber, der sie doch liebt! Uns gegenüber, die wir mit ihm fühlen! Welche Abgründe taten sich hier auf, welches Zerwürfnis, welche tiefe Seelenverletzung …

Inzwischen war ich zu einer dritten Brücke gekommen. Wieder hing dort ein bemaltes Betttuch. Und darauf stand: *»verlieren.* Deine C. J.«.

So weit die Geschichte. »Christian, ich will dich nicht verlieren. Deine C. J.« Für mich zeigt die Geschichte: Wir müssen und dürfen das Leben, das, was uns geschieht, was uns widerfährt, deuten, und zwar *von seinem Ende her deuten*. Vieles kann man erst von seinem Ende her verstehen. Das gilt auch für manches, was uns heute bedrückt und dessen Sinn uns heute noch verborgen bleibt. Da hilft uns heitere Gelassenheit, mit unseren Gefühlen in der Balance zu bleiben. Sie hilft uns, schnelle Euphorie (1. Teil der Geschichte) und schnelle Niedergeschlagenheit (2. Teil der Geschichte) zu vermeiden. Heitere Gelassenheit heißt nicht Halt- und Ziellosigkeit, vielmehr unterstützt sie uns, unsere Ziele besser zu erreichen und unserem Engagement immer wieder neue Nahrung zu geben und vor allem innerlich nicht auszubrennen.*

Wanderung durch die Wüste

Der Sinn muss jeweils dem Sein voraus sein – nur dann nämlich kann der Sinn das sein, was sein eigener Sinn ist: *Schrittmacher des Seins* zu sein! ... Wie heißt es doch in der Bibel: Während der Wanderung Israels durch die Wüste schritt Gott in Form einer Wolke seinem Volk voran – und es mag nicht abwegig sein, diesen Bericht so zu deuten, dass wir sagen: Der (letzte) Sinn (der

* Aus einem Vortragsmanuskript von Stefan Vesper.

Übersinn, wie ich es zu formulieren pflege) schritt dem Sein voran, auf dass letzteres ersterem folge, auf dass ersterer letzteres mit sich reiße.

Fragen wir uns aber einmal, was denn geschehen wäre, wenn Gottes Herrlichkeit nicht Israel vorangeschritten wäre, vielmehr inmitten dieses Volkes geweilt hätte – es liegt auf der Hand, was geschehen wäre: Die Wolke wäre nimmermehr imstande gewesen, Israel durch die Wüste zu geleiten und ans Ziel, an seinen Bestimmungsort zu bringen, sondern die Wolke hätte alles eingenebelt, niemand hätte sich zurechtgefunden, und Israel wäre irregegangen.

KOMMENTAR

Das dünne Gespinst zwischen dem jeweils wechselnden »Sinn des Augenblicks«, den zu erfüllen wir Menschen kontinuierlich eingeladen sind, und dem allumfassenden »Sinn der Schöpfung«, den Frankl auch »Übersinn« (= menschliches Begreifen übersteigenden Sinn) getauft hat, findet sich in der Exodusgeschichte wieder.

Da ist die Wolke, die dem Volk Israel voraus zieht. Was sind ihre Attribute?

1. Sie ist unerreichbar. Niemand wird jemals auf der Wolke ankommen (außer vielleicht im Tod).
2. Sie ist höherstehend als die Menschen, die ihr folgen. Ihre Ebene ist »nicht von

dieser Erde«. Und dennoch kann ihr »auf Erden« gefolgt werden.

3. Sie ist stets einige Schritte voraus. Folgt man ihr nach, bewegt auch sie sich weiter. Sie ist »Schrittmacher des Seins« (Frankl).
4. Sie offenbart sich in der trostlosen Wüste, dort, wo man sich am leichtesten verirren kann und am schnellsten in Gefahr gerät.
5. Sie zwingt niemanden, sich nach ihr zu orientieren. Doch wer ihr vertraut, den führt sie ins »Gelobte Land«.

Zweifellos ist die hier gemeinte Wolke kein Sondergut des alten Volkes Israel. Vieles spricht dafür, dass diese Wolke immer noch wegweisend über den Wüstenlandschaften unserer Seelen dahin zieht. Nur stolpern wir allzu oft blindlings voran, den Blick an den Boden geheftet, uns an scharfen Steinkanten stoßend, im heißen Sand versinkend, protestierend und Hoffnung verlierend. Da hilft nur eines: innehalten, ruhig werden, den Blick heben und wieder nach der Wolke ausschauen. Da hilft nur: vertrauen und nachfolgen.

Jeder einzelne Schritt, den wir auf die Wolke zu tun, ist erfüllter »Sinn des Augenblicks«. Die Wolke selbst ist namenlos; aber wir können sie auch »Sinn der Schöpfung« nennen, wenn uns dieser Name gefällt.

Unaufgelöster Akkord

So schließt denn unser Versuch einer metaklinischen Sinndeutung des Leidens mit einer offenen Frage. *Jedes* Ende und *alles* Endgültige bleiben letztlich offen. Nicht zufällig schließt die Musik in Gustav Mahlers »Lied von der Erde« mit einem unaufgelösten Akkord, und zwar just im Augenblick, in dem zum letzten Male das Wort »ewig« gesungen wird: die letztgültige Harmonie, die große Konsonanz – sie wird uns nicht auf Erden, und so sprengt sie denn auch den Rahmen eines Liedes »von der Erde«.

Und so geht auch die Rechnung des leidenden Menschen erst in der Transzendenz auf; in der Immanenz bleibt sie offen.

KOMMENTAR

Das Wüstengleichnis aus der Exodusgeschichte passt zu der ewig offenen, schier unbeantwortbaren Frage nach dem Sinn des Leidens. Warum konnte schon das alte Volk Israel nicht gemütlich durch den Garten Eden spazieren? Warum ist alles lebendige Sein gebrechlich, von Hunger und Durst gequält, von Krankheiten zerfressen, von Missbildungen verunstaltet, von Unfällen bedroht, vom »Zahn der Zeit« zernagt, zum Dahinsterben verdammt? Warum tummeln sich auf der Mischpalette tierischer und menschlicher Emotionen Wut- und Aggressionsgefühle,

Neid, Eifersucht, Angst, Schmerz und Trauer? Wozu ereignen sich tagtäglich in jedem Winkel der Welt Tragödien, wozu fließen Tränen in nie versiegenden Strömen?

Die »Wolke« schweigt; sie gibt uns keine Auskunft. Sie holt uns in der Wüste ab – das muss uns genügen. Gustav Mahlers »Lied von der Erde« schließt mit einem unaufgelösten Akkord. Die Auflösung, die Erlösung geschieht, wenn, dann erst in der Transzendenz.

Wahrscheinlich geht es uns besser, wenn wir gar nicht nach dem Sinn des Leidens fragen, sondern uns still »vor dem Geheimnis beugen« (Frankl). Der große, numinose, allumfassende, unbegreifliche »Sinn der Schöpfung«, so wie sie ist, hat in unseren Gehirnwindungen wohl keinen Platz. Immerhin besitzen wir Menschen so viel Verstand, um *das* zu begreifen. *Unser* Verstand weiß um seine Limitierung; der Verstand der Tiere weiß nicht einmal das.

WELTANSCHAUUNG UND WIRKLICHKEIT

Kaleidoskop oder Fernglas?

Worin besteht das Wesen der Kaleidoskopie? *Durch ein Kaleidoskop hindurch wird wieder nur es selbst sichtbar* – im Gegensatz zu einem Fernglas, durch das hindurch ja je nachdem Theaterstücke oder Sterne betrachtet werden können. Nach dem Modell des Kaleidoskops nun versteht und deutet der Kaleidoskopismus menschliches Erkennen insofern, als der Mensch im Rahmen des Bilds, das sich der Kaleidoskopismus von seiner Erkenntnis macht, dasteht als einer, der jeweils eine, jeweils seine »Welt« nur »entwirft«, d. h. als einer, der in all seinen »Weltentwürfen« wieder nur sich selbst ausdrückt, so dass ihm durch die jeweils entworfene »Welt« hindurch wieder nur er selbst, der Entwerfende, sichtbar wird.

Genauso wie im Kaleidoskop je nachdem, wie die bunten Steine »geworfen« werden, so oder so ein Muster sichtbar wird – so entspricht nach L. Binswanger der Geworfenheit des Seins die Entworfenheit der Welt; denn nach ihm »ist das Dasein in seinen Weltentwürfen nicht frei«; »seiner Unfreiheit« entspricht die »Geworfenheit des Daseins« ... Unserer Meinung nach ist jedoch der Weltentwurf in Wirklichkeit nicht der subjektive

Entwurf einer subjektiven Welt, sondern zwar ein subjektiver Ausschnitt, aber der Ausschnitt einer objektiven Welt. Mit anderen Worten: Diese Welt ist wesentlich mehr als bloßer Ausdruck meines Seins.

KOMMENTAR

Von der Weltanschauung, die ein Mensch entwickelt hat, hängt mehr für ihn ab, als man glaubt. Denn jedes Vorkommnis unseres Lebens und alle Ereignisse, an denen wir Anteil nehmen, werden auf dem Hintergrund unserer Weltanschauung interpretiert. Erfreuliches verfinstert sich auf dem Hintergrund einer skeptischen Weltanschauung. Lernt eine Frau mit einer solchen Weltanschauung z. B. einen lieben Freund kennen, denkt sie sogleich, er werde sie sicher eines Tages betrügen oder verlassen. Umgekehrt behält selbst Trauriges einen Silberstreifen auf dem Hintergrund einer warmherzigen Weltanschauung. Wird eine Frau mit einer solchen Weltanschauung z. B. von ihrem Freund betrogen oder verlassen, kann sie ihn ohne Groll verabschieden und sich auf ihren eigenen Wert und ihre Zukunftschancen besinnen.

Da die persönliche Weltanschauung von psychohygienischer Bedeutung ist, lohnt es sich, sie nicht nur auf ihre Plus-Minus-Qualität, sondern auch auf ihre Wirklichkeitsnähe zu überprüfen. *Zu* große Skepsis oder *zu* große Naivität etwa – um auf die »Freundbeispiele« von vorhin anzuspielen – würden zu weit von der Wirklichkeit abweichen und die Frauen irreleiten. *Weltanschauungen sollten deshalb einerseits positiv getönt und andererseits wirklichkeitsnah sein,* um ihre stabilisierende Kraft entfalten zu können.

Im Kaleidoskopgleichnis ging es Frankl um die Wirklichkeitsnähe. Wie betrachten wir die Welt? Manche philosophischen Entwürfe (vgl. Ludwig Binswanger) hielten am Subjektivismus fest: Es sei gar nicht möglich, sich der Wirklichkeit anzunähern. Jedwede Weltbetrachtung sei im Grunde bloßer Ausdruck psychischer Mechanismen; daher sähe niemand mehr als sich selbst. Frankl war anderer Meinung. Er ging von einer objektiven Welt aus, deren Wirklichkeit »wie durch ein Fernglas hindurch« zumindest ausschnittweise zu entdecken und zu erkunden sei.

Welche Konsequenzen haben die beiden verschiedenen Auffassungen? Nun, mit dem Kaleidoskop in der Hand bleibt man in den eigenen vier Wänden hocken – Subjektivisten kreisen nur um das Subjekt. Mit dem Fernglas in der Hand wandert man hingegen hinaus in die Welt, neugierig und wissensdurstig. Die Zeichen stehen gut, dabei *doch* ein Stück Wirklichkeitsnähe zu erobern.

Die Seele im Mikroskop?

Es muss betont werden, dass keineswegs alles, was unsichtbar ist, bloß darum auch schon unwirklich ist. Ich möchte dies an Hand eines Dialogs erläutern, wie ich ihn tatsächlich einmal erlebt habe:

Ein junger Mensch fragte mich einmal, was es denn mit der Wirklichkeit der »Seele« auf sich haben könne – wo sie doch gänzlich unsichtbar sei. Nun, ich gab zu, dass er durch noch so gründliches Sezieren, ja auch durch noch so gründliches Mikroskopieren eines Gehirns, niemals so etwas wie eine Seele zu Gesicht bekommen könnte; aber ich sagte dies alles nicht ohne ihn zugleich zu fragen, aus welchem Motiv er solches Sezieren und Mikroskopieren wohl in Angriff nehmen würde. Und dieser junge Mann antwortete mir daraufhin: aus Wahrheitsliebe, aus wissenschaftlich-forschendem Interesse an der Wahrheitsfindung! Und nun hatte ich ihn dort, wo ich ihn haben wollte; denn nunmehr brauchte ich ihn nur noch zu fragen, was »Wahrheitsliebe« usw. anderes sei als etwas Seelisches – und vor allem: Ob er vielleicht meine, dass man dieses Seelische, dass man also Dinge wie »Wahrheitsliebe« und dergleichen auf mikroskopischem Wege sichtbar machen könne? Und nun war es auch ihm klar geworden: Das durch Mikroskopieren Gesuchte, aber auf diesem Wege niemals Auffindbare, dieses Unsichtbare, eben das Seelische, ist bei allem Mikroskopieren immer schon vorausgesetzt gewesen.

Neben dem Subjektivismus gibt es einen weiteren philosophischen Weltentwurf, der bedenklich ist, nämlich den Materialismus. Ihm zufolge existiert nur, was man angreifen, befühlen, betasten, messen, zählen und wägen kann.

Inzwischen haben die Materialisten selbst gemerkt, dass man die Wirklichkeit, in der wir leben, nicht auf reine Materie beschränken kann. Die Behauptung, dass alles, was im Mikroskop unauffindbar ist, Illusion sei, war nicht zu halten, denn auch Behauptungen zeigen sich nicht unter dem Mikroskop. Deshalb wenden die Materialisten heutzutage einen modernen Kunstgriff an. Sie deklarieren jene unsichtbaren Phänomene wie »Seele«, »Wahrheitsliebe«, »Behauptungen« usw., die eben nicht betastbar oder zählbar sind, als *Funktionen von Materie*, genauer: von Hirnsubstanz. Und schon sind sie wieder zum Betastbaren und Zählbaren zurückgekehrt.

Frankl leugnete nie die Wechselwirkungen zwischen Materiellem und Immateriellem, aber er verneinte es, in letzterem einen »Vasallen« des ersteren zu sehen. Gäbe es keine Wahrheitsliebe, würde niemand durch ein Mikroskop blicken, argumentierte er. Gäbe es keine Geistigkeit, hätte sich keine Gehirnsubstanz entwickelt, die ihrer mächtig ist. Vieles spricht dafür, dass Geist (»Seele«) und Materie nicht einmal in einem ausgewogenen dualen Verhältnis zueinander stehen, sondern dass sogar umgekehrt die Materie der »Vasall« ist, der im Dienste des Unsichtbaren dessen Verkörperung leistet – und nicht mehr.

Für den Mann oder die Frau »von der Straße« sind die genannten Überlegungen eher uninteressant. Zumindest bis zu dem Tag, an dem dieser Mann oder diese Frau an einem offenen Grab stehen. Da mögen sie sich fragen, *was* sie denn hier eigentlich begraben? Kaputte Hirnmasse, deren Funktionen erloschen sind? Oder den »Vasallen«, der nicht mehr verkörpern kann, was als Teil der unsichtbaren Wirklichkeit ewig *die Person bleibt, die man liebt*?

Ich kenne eine Mutter, die einst zu ihrem sterbenden 8-jährigen Bub sagte: »Hab' keine Angst! Bald schläfst du ein und wachst auf in einem Land der Seligkeit, wo es keine Schmerzen gibt, nur Jubel und Singen und Lachen.« Wäre es *wirklich* mehr Wirklichkeitsnähe gewesen, wenn sie gesagt hätte: »Bald, mein Kind, werden dich Maden und Würmer zerfressen?« Alles in uns schreit »nein«!

Am Rande des offenen Grabes entblößt sich die Schwäche des Materialismus in ihrer ganzen Nacktheit.

A. Kinsey und der Blutdruck

An einem Beispiel möchten wir nun aufzuzeigen versuchen, welche Gefahren es in sich birgt, wenn man dem Menschen sein kollektives Sosein vor Augen hält, anstatt ihm sein individuelles Anders-können aufzuzeigen bzw. ihn dazu aufzurufen: Bekanntlich hat der amerikanische Zoologe Kinsey einen statistischen Bericht verfasst, in dem nachgewiesen wird, wie abhängig die Sexualmoral von der jeweiligen sozialen Schicht ist, der einer angehört, und wie verschwindend die Minorität ist, die sich an die herrschende Sexualmoral auch tatsächlich hält. Unter anderem ergab sich hierbei, dass die Majorität der Ehemänner ihren Gattinnen untreu ist.

Wenn ich als Arzt einem Patienten den Blutdruck messe und den Blutdruck leicht erhöht finde und dem Patienten nun die Wahrheit sage, dann sage ich ihm gar nicht die Wahrheit; denn im gleichen Augenblick schnellt sein Blutdruck auch schon in die Höhe (Wirkung der Aufregung). »Rede« ich dem Patienten jedoch »ein«, sein Blutdruck sei normal, dann sage ich ihm keine Unwahrheit; denn diese beruhigende Mitteilung wird den (durch »Erwartungsangst« leicht erhöht gewesenen) Blutdruck inzwischen wirklich normalisiert haben. Sage ich nun den Männern, die Majorität der Gatten betrügen ihre Frauen, dann wird sich die Majorität dieser Männer gewiss nicht sagen: »– ebendarum muss ich nur noch um so mehr mich zusammennehmen und die Minorität der Anständigen unterstützen«; der durchschnittliche Mann wird sich sagen: »– ich bin eben auch nicht besser als der Durchschnitt.« Mit einem Wort: Die Mitteilung der statistischen Wahrheit fälscht … diese Wahrheit – nicht unähnlich der Beobachtung eines Elektrons, die – Heisenberg zufolge – die Lage des Elektrons immer auch schon beeinflusst. Beobachtung bedeutet eben allemal zugleich auch schon Beeinflussung – ob wir es nun wollen oder nicht; zumal die Mitteilung eines Beobachtungsergebnisses immer etwas ist, das in die Waagschale der Entscheidung fällt.

KOMMENTAR

Wir waren beim Thema »Wirklichkeitsnähe« bzw. haben Weltentwürfe auf ihre Wirklichkeitsnähe hin hinterfragt. Der Subjektivismus und der Materialismus haben dabei schlecht abgeschnitten. Aber auch die Statistik ist kein ideales Instrument, um die Wirklichkeitsnähe einer Weltsicht zu garantieren, wenngleich sie auf Untersuchungen großer Mengen fußt. Frankl hat dies mit seinem Blutdruck-Gleichnis nachvollziehbar dargestellt.

Noch ernster zu nehmen ist sein Beispiel vom Kinsey-Report. Denn man könnte sogar über Frankl hinausspekulieren und vermuten, dass nicht nur

1. die meisten untreuen Ehemänner sich auf Grund des Reports gesagt haben: »Ich bin eben auch nicht besser als der Durch-

schnitt« (was heißt: »Warum sollte ich mich dann ändern?«),

sondern dass

2. darüber hinaus manche treuen Ehemänner sich auf Grund des Reports gesagt haben: »Was, so viele Männer betrügen ihre Frauen? Dann darf ich das doch wohl auch!«

und schon hat die Statistik die Wirklichkeit (auf unerfreuliche Art) verfälscht, was keinesfalls ihre Aufgabe ist.

Nach dem Anschlussgleichnis vom Elektron zog Frankl in einem Satz die eigentliche Lehre aus seinen Beispielen. Bei der Entscheidung, ob ein Stück Wirklichkeitsbeobachtung mitgeteilt werden soll, möge stets die Abschätzung mit in die Waagschale fallen, wie diese Mitteilung denjenigen beeinflussen könnte, an den die Beobachtung herangetragen wird. Es muss nämlich nicht alles – ungefiltert und schonungslos – mitgeteilt werden. Reden ist Silber, Schweigen ist Gold …

Kettenreaktionen

An Bedeutung, an Bedrohung, steht dem Fatalismus der Fanatismus nicht nach; stellt er doch eine psychische Epidemie dar. Gleich anderen

Epidemien ist diese psychische eine notwendige Kriegsfolge; im Gegensatz zu anderen Epidemien ist diese psychische aber auch eine mögliche Kriegsursache. Überdies ist sie infektiöser; sie breitet sich rascher aus. Ihre Erreger sind Schlagworte, und – einmal in die Masse geworfen – lösen sie eine psychologische Kettenreaktion aus, die gefährlicher ist als jene physikalische Kettenreaktion, die der Atombombe zugrunde liegt. Denn die physikalische Kettenreaktion der Atombombe würde niemals ablaufen, wäre ihr nicht die psychologische Kettenreaktion vorangegangen.

KOMMENTAR

Ein Reden, das nicht einmal Silber, sondern eher Sprengstoff ist, greift ideologische Schlagworte fanatischer Gruppierungen auf und streut sie in die Menge. Die Bombe beginnt zu ticken. Im Allgemeinen sind solche Schlagworte primitiv, kollektivistisch und pauschalierend. In Neros antikem Rom waren es *die* Christen, denen sämtliches Unheil zu verdanken war. In Hitlers »drittem Reich« waren es *die* Juden, die ausgemerzt gehörten. Je nach Geschichte waren es *die* Zigeuner, *die* Kommunisten, *die* Imperialisten, *die* Islamisten usw., die den Gesamtärger verursachten. Solche Pauschalaburteilungen zünden, sobald sie nur oft genug wiedergekäut werden, psychologische Kettenreaktionen, die den physikalischen an Gewalt in nichts nachstehen.

Seien wir deshalb vorsichtig mit Urteilen, die wir nachplappernd in den Mund nehmen. Erst ist es nur ein Wort, dann ist es eine Tat, und am Ende ist es eine Schuld, die nie wieder gutzumachen ist. Selektieren wir mit kritischem Verstand und gütigem Herzen, was in uns eindringen darf und was nicht; wann wir unsere Ohren aufmachen und wann wir sie besser verschließen; was wir unserem Nächsten in die Ohren flüstern und was wir – still entsorgen.

Dazu eine kleine »Teaching tale« über Sokrates, den Frankl sehr verehrt hat:

Drei Siebe

Aufgeregt kam jemand zu Sokrates gelaufen: »Höre Sokrates, das muss ich dir erzählen, nämlich wie dein Freund …«

»Halt ein!« unterbrach ihn der Weise. »Hast du das, was du mir sagen willst, durch die drei Siebe geschüttelt?«

»Drei Siebe?« fragte der andere in Verwunderung.

»Ja, mein Freund, drei Siebe! Lass' sehen, ob das, was du mir erzählen willst, durch die drei Siebe hindurchgeht. Das erste Sieb ist die Wahrheit. Hast du alles, was du mir erzählen willst, geprüft, ob es wahr ist?«

»Nein, ich hörte es erzählen und …«

»So, so. Aber sicher hast du es mit dem zweiten Sieb geprüft. Es ist das Sieb der Güte. Ist das, was du mir erzählen willst, wenn schon nicht als wahr erwiesen, wenigstens gut?«

Zögernd sagte der andere: »Nein, das nicht, im Gegenteil ...«

»Dann«, unterbrach ihn der Weise, »lass' uns auch das dritte Sieb noch anwenden und lass' uns fragen, ob es notwendig ist, mir das zu erzählen, was dich so erregt.«

»Notwendig nicht gerade ...«

»Also«, lächelte Sokrates, »wenn das, was du mir erzählen willst, weder wahr, noch gut, noch notwendig ist, so lass' es begraben sein und belaste dich und mich nicht damit!«

36 wahrhaft Gerechte

Gewiss: Die vorbildlichen Menschen, die durch ihr Sein wirken können und sollen, sind in der Minorität. Das weiß unser Pessimismus; aber gerade dies macht den gleichzeitigen Aktivismus aus, gerade dies macht die unerhörte Verantwortung der wenigen aus.

Ein alter Mythos weiß davon zu sagen, dass die Existenz der Welt darauf beruhe, dass zu jeder Zeit 36 wahrhaft gerechte Menschen in ihr sind. Nur 36! Eine verschwindende Minorität. Und doch: Sie gewährleisten den moralischen Bestand einer ganzen Welt. Aber dieser Mythos berichtet weiter: Sobald einer dieser »Gerechten« als solcher erkannt, von seiner Umgebung, von den Mitmenschen gleichsam durchschaut wird, – dann verschwindet er, wird er »zurückgezogen«, dann muss er augenblicklich sterben. Was ist nun damit gemeint? Wir gehen wohl nicht fehl, wenn wir es so ausdrücken: Merkt man die pädagogische Tendenz des Vorbilds, dann »wird man verstimmt«; der Mensch lässt sich nicht gerne schulmeistern.

KOMMENTAR

Wenn der alte Mythos recht hat, auf den Frankl an obiger Stelle Bezug nahm, dann *gibt es noch* wahrhaft gerechte Menschen unter uns, wenn auch wenige, denn unsere Welt steht ja noch – allen bisherigen Untergangsprophezeiungen zum Trotz. Daraus ließe sich sogar ein Grund zum Optimismus ableiten, nicht nur zum Pessimismus. Die Minorität der Gerechten ist bis auf den heutigen Tag nicht ausgestorben, wie tröstlich! Und das, obwohl diese Gerechten eine erstaunliche Akrobatik zustande bringen müssen, wie wir gehört haben. Es reicht nämlich offensichtlich nicht, einfach nur gerecht und anständig zu sein. Irgendwie soll dabei der Seiltanz zwischen einer stimulierenden Vorbildwirkung auf andere und dem abschreckend erhobenen Zeigefinger gelingen. Das heißt: Die Blumen der Liebe müssen im Verborgenen blühen. Alles Demonstrative lässt sie welken. Und dennoch sollen sie ihren zarten Duft ausströmen, um die Sehnsucht in den Herzen derjenigen zu wecken, die sich an den Gestank der Welt gewöhnt haben.

Kein Wunder, dass Frankl von einer »unerhörten Verantwortung« gesprochen hat, die auf der Minorität der anständigen Menschen ruht. Schauen wir uns einmal in unserem Freundes- und Bekanntenkreis um: Vielleicht erspähen wir gar einen von ihnen? Überlegen wir uns ein mögliches Persönlichkeitsprofil, an dem wir ihn erkennen könnten: Er ist bescheiden, macht kein Aufheben, redet kaum über sich selbst. Er ist zur Stelle, wo er gebraucht wird, und spekuliert auf keinen Dank. Er verzichtet auf Vorwürfe aller Art, und doch fühlt man sich in seiner Gegenwart zur Besserung beflügelt. Er schenkt jedem die Aufmerksamkeit, die Not tut, um ihn in der Vielschichtigkeit seines Seins zu verstehen. Einer von 36 … vielleicht wohnt er gar in unserer Nähe?

Besondere Brückenköpfe

So wären wir denn ausgegangen von der Intelligenzprüfung und von den Tests, und unsere Überlegungen münden in das Einbekenntnis, dass wir dem Wesen eines Menschen, also alledem, was noch hinter seinen einzelnen Funktionen und allfälligen Funktionsstörungen steht, nicht näherkommen, solange wir uns in unserem Bemühen, den anderen zu verstehen, bloß aufs Rationale und Rationalisierbare beschränken und verlassen. *Wollen wir eine Brücke schlagen von Mensch zu Mensch* – und dies gilt auch von einer Brücke des Erkennens und Verstehens –, *so müssen die Brückenköpfe eben nicht die Köpfe, sondern die Herzen sein.*

KOMMENTAR

Wir haben vorhin versucht, das Persönlichkeitsprofil eines »wahrhaft gerechten Menschen« zu skizzieren, was nicht leicht ist. Aber ganz sicher würden wir einen solchen Menschen nicht per Intelligenztest erkennen können. Ethik und Intelligenz schließen sich nicht aus, setzen einander aber auch nicht voraus. Aus den intelligentesten Schülern werden z. B. nicht die großartigsten Ärzte, was man spätestens seit der Einführung eines Numerus clausus für das Studienfach Medizin weiß. Insgesamt scheinen in unserem frisch angebrochenen Jahrhundert die computergesteuerten Roboter immer intelligenter und tüchtiger zu werden, jedenfalls intelligenter und tüchtiger als die Menschen, was aber nichts besagt über die ethische Qualität ihrer Einsätze. Eine leistungsfähige Maschine ist für Kriegszwecke genauso brauchbar wie für Friedenszwecke.

Frankl sah sehr klar, dass die Evolution der Intelligenz die Menschheit nicht retten und nicht befrieden wird. Wie viele abgrundtiefe Unterschiede trennen doch die einzelnen

Völker, Kulturen, Mentalitäten, Religionen auf diesem kleinen Planeten im riesigen All! Da ist wohl nur ein einziges Zauberwort, das retten und befrieden könnte, und das heißt »Überbrückung«. Allein, *die Brückenköpfe dürfen eben nicht die Köpfe, sondern müssen die Herzen sein,* wie es Frankl in seiner Hellsichtigkeit formuliert hat. Und so beten wir denn, dass eine Evolution der Herzensweisheit den Wettlauf mit dem Countdown der Macht erobernden Technik gewinnt.

DEPRESSION, LEID, SCHULD

Figuren vom Brett fegen?

Es gilt zu zeigen, wie unbedingt widersinnig der »Lösungs«-Versuch eines Lebensproblems durch den Selbstmord sei.

Stellen wir uns doch bloß einmal vor: Ein Schachspieler ist vor ein Schachproblem gestellt, und er findet nicht die Lösung, und – was tut er? – er wirft die Steine vom Brett: Ist das eine Lösung des Schachproblems? Gewiss nicht. Ganz genau so aber verfährt der Selbstmörder: Er wirft sein Leben weg und denkt, damit ein unlösbar erscheinendes Lebensproblem der Lösung zugeführt zu haben. Er weiß nicht, dass er damit die Spielregeln des Lebens verletzt – ebenso wie jener Schachspieler aus unserem Gleichnis die Spielregeln des Schachspiels außer acht lässt, innerhalb deren ein Schachproblem durch Rösselsprünge, Rochieren oder weiß Gott was, jedenfalls nur durch einen Schachzug sich lösen lässt, keinesfalls jedoch durch das geschilderte Vorgehen.

Nun, auch *der Selbstmörder verletzt die Spielregeln des Lebens; diese Spielregeln verlangen ja von uns nicht, dass wir um jeden Preis siegen, – wohl aber verlangen sie von uns, dass wir auf keinen Fall den Kampf aufgeben.*

Kehren wir von den globalen Betrachtungen zurück zur Einzelperson und ihren individuellen Problemen. Überall, wo die »Herzen als Brückenköpfe« fehlen, macht sich Leid breit. Es kann ein mehr körperliches, mehr seelisches oder mehr soziales Leid sein, es kann auch das »Leiden am scheinbar sinnlosen Leben« (Frankl), also eine geistig/existentielle Frustration sein oder eine der unzähligen Mischformen. Egal, der leidende Mensch steht sozusagen im ganzen Universum einsam und allein mit seinem Schmerz da und weiß sich oft nicht mehr zu helfen. Wo die Brücke zu den Mitmenschen fehlt, öffnet der Abgrund seinen dräuenden Schlund.

Frankl kannte die Sirenenrufe des Abgrunds. Schon in der Vorkriegszeit hat er als junger Arzt im »Selbstmörderinnenpavillon« der Wiener Nervenheilanstalt praktiziert, also Erfahrungen mit schwer depressiven Frauen gesammelt, die dort stationär behandelt worden sind. Während der drei Jahre, die er von 1942 bis 1945 in Konzentrationslagern verbringen hat müssen, verlor er genügend Kameraden, die sich in den elektrisch geladenen Zaun stürzten, weil sie ihr Häftlingselend nicht mehr auszuhalten vermochten. Auch später, als Direktor der Neurologischen Abteilung der Wiener Poliklinik, wurde er von Kontakten mit suizidalen Patienten nicht verschont. Auf diesem Erlebnishintergrund sprach er ein striktes Nein zur Selbsttötung. Kein Problem wird durch Selbsttötung aus der Welt geschafft, sondern es bleibt *in* der Welt, und wird nur von einem – der flüchtet – auf andere abgewälzt. *Das* ist gegen die Spielregeln, so Frankl. Wenn ein Schachspieler seine Figuren vom Brett fegt, hat er damit auch kein Schachproblem gelöst, sondern sich und dem Mitspieler das Spiel verdorben. Wie kommt der Mitspieler dazu?

Der leidende Mensch ist zweifellos zu bedauern. Er verdient unsere Anteilnahme und unser ehrliches Mitgefühl, und wir stehen in der Pflicht, ihn zu unterstützen, so gut es geht. Aber *auch er*, der leidende Mensch, steht in einer Pflicht. Nämlich in der Pflicht, sein Leid tatkräftig zu verringern, wo es möglich ist, und es würdig und tapfer zu tragen, wo es nötig ist. Entziehen *wir* uns unserer Pflicht, verschärfen wir das Leid des Leidenden. Entzieht *er* sich seiner Pflicht, stülpt er uns sein Leid über. Die Spielregel des Lebens jedoch lautet: »Tut beide eure Pflicht! Bildet eine Solidargemeinschaft und teilt Freud und Leid zwischen euch auf. Dann wird sich der Abgrund schließen und ihr werdet Gewinner sein in einem Spiel ohne Verlierer.«

Der Blick auf die Staffelei

Ich kenne Melancholiker, die aus ihrer Depression heraus Selbstmord begangen haben, und ich kenne andere Melancholiker, die trotz allem imstande waren, ihre Selbstmordimpulse zu überwinden. Aber wie ist so etwas möglich, wann und unter welchen Bedingungen ist so etwas möglich?

Erinnern Sie sich an den Film *Moulin Rouge*? Und erinnern Sie sich vielleicht an die ergreifende Szene, in der Toulouse-Lautrec sich das Leben nehmen will? Schon hört man das Leuchtgas zischen und ausströmen, da fällt sein Blick auf die Staffelei, auf eines seiner Gemälde, die auf der Staffelei stehen, und da bemerkt er einen Fehler. Er rafft sich auf, taumelt hin, bringt mit einem Pinselstrich alles in Ordnung und dreht den Gashahn ab.

Was will ich damit sagen? Die Depression, den Selbstmordimpuls konnte er nur auf Grund und dank der *Hingabe an eine Aufgabe* überwinden. Es war der Hirnchirurg Harvey Cushing, der einmal gemeint hat: »Die einzige Möglichkeit, das Leben auszuhalten, besteht darin, immer eine Aufgabe vor sich zu haben.«

KOMMENTAR

Weder Leid, noch Depression als Leidfolge, zwingen zur Kapitulation. Nicht einmal die fehlende Unterstützung (oder wenigstens Anteilnahme) der Mitmenschen zwingt dazu.

Im Letzten entscheidet der Betroffene selbst, und zwar zwischen »Aufgabe« und Aufgabe, so merkwürdig dies klingt. Er entscheidet nämlich entweder, sich selbst »aufzugeben«, oder, sich an eine Aufgabe hinzugeben, die es doch noch wert ist, bei aller Misslichkeit weiterzuleben. Verkürzt ließe sich sagen: Jemand, der in die Enge geraten ist, findet entweder eine sinnvolle Aufgabe, oder es kommt zur Selbstaufgabe.

Mit dem Hinweis auf den Moulin Rouge-Film wollte Frankl demonstrieren, wie klein eine solche Lebenswert erhaltende Aufgabe sein kann. Es kann ein Pinselstrich sein, aber eben ein *wichtiger*, der die Harmonie und Ausdruckskraft eines Gemäldes erheblich steigert. Es kann ein Pinselstrich sein, aber eben einer, den *kein anderer* Maler tun kann als nur der Urheber des Gemäldes selbst. Die Aufgabe, für die es sich von Minute zu Minute lohnt, zu leben, ist somit

1. eine, die für irgendetwas oder für irgendjemanden bedeutsam ist, wenn auch vielleicht nur minimal, und

2. eine, für die man sich selbst unvertretbar weiß.

Sobald sich eine solche Aufgabe am Horizont eines menschlichen Bewusstseins abzeichnet, ist die Selbstaufgabe kein Thema mehr.

Im Moulin Rouge-Film war es der Zufall, der das Auge des Lebensmüden zur Staffelei gelenkt hat. Im echten Leben können wir auf solche Zufälle nicht bauen. Aber wir dürfen sicher sein, dass immer ein »Fehler« in unserer Reichweite sein wird, den wir – und zwar ausschließlich wir! – korrigieren können, wenn wir uns dazu aufraffen. Jeder ist eingeladen, unsere unvollkommene Welt mit einem Pinselstrich zu vervollkommnen, genauer: mit *seinem* Pinselstrich, den niemand anderer für ihn tun kann. So gesehen, ist die Unvollkommenheit der Welt seltsamerweise Sinnstifter unseres Daseins. Denn wozu würden wir überhaupt auf Erden wandeln, wenn schon alles paradiesisch-perfekt wäre? Ein vollendetes Gemälde auf der Staffelei hätte Toulouse-Lautrec eher motiviert, sich bequem auszustrecken und das Leuchtgas zischen zu lassen …

Die Sonne über den Wolken

Zweierlei müssen wir vom [endogen-depressiven] Patienten verlangen, und zwar *Vertrauen zum Arzt* und *Geduld mit sich selbst …*

… Geduld – das heißt: Geduld eben in Hinblick auf die günstige Prognose seiner Krankheit, im Warten auf die spontane Heilung und im Warten darauf, dass die seinen Werthorizont verdunkelnde Wolke vorüberziehe, um ihm dann die

Sicht wieder freizugeben auf das Wertvolle und die Sinnfülle des Seins. Und so wird er schließlich instand gesetzt werden, seine endogene Depression vorüberziehen zu lassen wie eine Wolke, die zwar die Sonne verdunkeln kann, aber nicht vergessen lässt, dass es trotzdem die Sonne gibt: Genauso wird auch der endogen-depressive Patient sich daran klammern müssen, dass seine Gemütskrankheit wohl imstande ist, den Sinn und die Werte des Daseins zu verdunkeln, so dass er weder an der Welt noch an sich selbst etwas findet, was sein Leben noch lebenswert zu machen vermöchte, aber dass auch diese seine Wertblindheit vorübergeht und er auch an sich einen Abglanz davon erfährt, was Richard Dehmel einmal in die schönen Worte gekleidet hat: »Siehe: mit dem Schmerz der Zeit – spielt die ewige Seligkeit.«

KOMMENTAR

Wir haben vom Leid gesprochen und von den Depressionen, die in seinem Sog mitschwimmen und malstromartig in den Abgrund hinabziehen wollen. In der Psychiatrie sind jedoch auch Depressionen bekannt, denen kein Kummer oder Stress-Auslöser vorangegangen sein muss, sondern die aus heiterem Himmel einen Menschen überkommen und ihn eine schreckliche Phase lang »umnebelt« halten. Es handelt sich dabei um die Gemütskrankheit »endogene Depression« (in moderner Nomenklatur »unipolare Störung«), die auf Stoffwechselstörungen im Zentralnervensystem zurückgeht.

Die Behandlung dieser Krankheit erfolgt in erster Linie über Medikamente, die die Stoffwechselstörungen einigermaßen ausgleichen. Zusätzlich zu den Medikamenten ist eine psychotherapeutische Begleitung angezeigt, die den Patienten heil durch die für ihn schlimme Phase »hindurchlotsen« soll. Ein Kernpunkt dieser Begleitung ist, dass der Kranke – ganz im Gegensatz zum »leidenden Menschen« im vorhergehenden Sinne – von allen Aufgaben zu *entlasten* ist, weil er in seinem Antrieb zu sehr blockiert ist, als dass er sich einer Aufgabe widmen könnte. Gleichzeitig ist dem Kranken kontinuierlich zu versichern, dass die Zeit wiederkehren werde, in der er seine täglichen Geschäfte mit Schwung verrichten kann, weil die Depressionsphase endlich abgeklungen ist.

Hier klinkt nun das Franklwort ein, dass dem endogen-depressiven Patienten zweierlei – aber auch nicht mehr – abzuverlangen ist, nämlich das Vertrauen zum Arzt und die Geduld mit sich selbst. Mit »Vertrauen zum Arzt« ist nicht primär gemeint, dass der Kranke die verschriebenen Medikamente schluckt (was zu seinem eigenen Schutz unbedingt notwendig ist!), sondern dass der Kranke dem Arzt die günstige Prognose abnimmt, bzw. an sein zu erwartendes gesundes

Auftauchen aus der Depressionsphase glaubt. Im selben Kontext steht auch die Aufforderung zur »Geduld mit sich selbst«. Der Kranke möge in Geduld durchhalten und nicht etwa sein Leben wegwerfen, ehe er es wieder (nach Abklingen der Depressionsphase) als lebenswert zu empfinden vermag.

Der Glaube an die »gute Zeit«, die neu geschenkt werden wird, wird durch das Analogon von der Sonne hinter den Wolken verstärkt. Wer Wochen und Monate unter einer Wolkendecke sitzt, ist natürlich verleitet, seinen Glauben an die Sonne einzubüßen. Trotzdem scheint sie mit ungebrochener Kraft hoch über den Wolken. Und eines Tages, wenn der Wind die Wolken weggeblasen haben wird, wird sie auch wieder ihr Licht über demjenigen ausgießen, der sie in Geduld erwartet hat.

Vertrauen und Geduld ... das sind keine schlechten »Zusatzmedikamente«, selbst für Personen, die *nicht* an einer endogenen Depression leiden. Davon können wir nie zuviel in unserer »Hausapotheke« vorrätig haben!

Die Kette zerreißen

Was es gälte, wäre jetzt, die Kette des Bösen zu zerreißen; nicht wieder Gleiches mit Gleichem, Böses mit Bösem zu vergelten, sondern: die einmalige Chance zu nützen, die man jetzt hat, um das Böse gerade dadurch zu überwinden, dass man es eben nicht perenniert und perpetuiert, dass man sich nicht an das »Aug um Auge und Zahn um Zahn« hält. Denn wer mit diesem Wort das Alte Testament in die Debatte zu ziehen versucht, dem könnten wir mit mindestens so viel Recht aus dem gleichen Buche ein anderes Zitat entgegenhalten, das unsere Auffassung zu belegen angetan ist – die Geschichte von Kain.

Zwar glauben die meisten Menschen, wenn man sie darnach fragt, wozu das Kainszeichen gedient habe, dass Gott den Kain stigmatisieren wollte, um die andern auf diesen ersten Mörder aufmerksam zu machen. Aber weit gefehlt: Liest man nach, dann erfährt man nämlich, dass Kain, nachdem ihm von Gott die Sühne auferlegt war, einwandte, er würde nun, in die Fremde vertrieben, erschlagen werden; und um dem vorzubeugen, wurde ihm das Kainsmal aufgedrückt – also gerade dazu, dass die Menschen ihrerseits ihm weiter nichts zuleide tun, nicht weiter morden, also nicht Mord mit Mord beantworten. Und wirklich: Der Mord an Kain sollte, wie ausdrücklich geschrieben steht, noch mehr geahndet werden als selbst Kains Mord an Abel. So und nur so war es gemeint, und nur so war es möglich, den Brudermord eben nicht zu verewigen.

KOMMENTAR

Mit dem Kettengleichnis wechseln wir vom Kapitel »Leid und Depression« zum Kapitel

»Schuld«. Dass beide Kapitel an einander anschließen, ist nicht verwunderlich: Schuld sorgt stets für die Fortsetzung von Leid. Traurigerweise sorgt auch Leid, insbesondere konfliktverursachtes Leid, häufig für die Fortsetzung von Schuld. A verletzt B. B ist verletzt und schlägt auf A zurück. Eine andere Variante: B ist verletzt und verletzt in seinem Schmerz C. Eine dritte Variante: B ist verletzt und verletzt in seinem Schmerz sich selbst, B, noch mehr. Das sind die drei ehernen Ketten des Bösen: Gegenaggression, Auslassen der Wut an Unschuldigen und Autoaggression. Sie geißeln das Menschengeschlecht seit Kains Tagen.

Dass sie nicht »gottgewollt« (= nicht sinnvoll) sind, versuchte Frankl an Hand der biblischen Geschichte zu belegen: Das Kainszeichen sollte die Kette zum Abreißen bringen.

Überlegen wir uns, wie *wir* in unserem Umfeld die genannten Ketten in ihrem Endloslauf stoppen können. Welche verdienstvollen Varianten bieten sich für B an, wenn A ihn verletzt hat? Nun, B könnte das klärende Gespräch mit A suchen. B könnte A fragen, was mit ihm los ist, und warum er sich so verletzend verhält. B könnte darüber nachsinnen, ob er zuvor vielleicht doch A ungewollt gereizt hat. B könnte A seinen Schmerz schlicht und sachlich zurückmelden, inklusive dem Wunsch, freundlicher behandelt zu werden. B könnte still von A abrücken, ohne Groll und Bitterkeit, die Verantwortung für das Geschehene bei A lassend. B könnte A innerlich vergeben, einen Schlussstrich ziehen und sich bewusst eigenen Belangen zuwenden. B könnte in die Waagschale werfen, wie viel Liebe und Verständnis er in seinem Leben bekommen hat, und damit die erfahrene Attacke seitens A aufwiegen. Diese und ähnliche Varianten sägen an den Aggressionsketten, bis sie platzen.

Zeigen wir uns deshalb einfallsreich und probieren wir neue und gnädigere Varianten im Umgang mit unseren »Feinden« aus! Damit helfen wir mit, sie zu »entfeinden« und die Leidvermehrung für uns alle einzubremsen. Bedenken wir ferner, dass auch wir selbst »Gezeichnete« sind, denn wer ist schon frei von Schuld? Der werfe den ersten Stein ...

Das denkende Schilfrohr

Was ist der Mensch, dass wir seiner gedenken? »Er ist ein Schilfrohr«, hat Pascal gesagt, »– aber ein Schilfrohr, das denkt!« Und dieses Denken, dieses Bewusstsein, dieses Verantwortlichsein –, es macht die Würde des Menschen aus, die Würde jedes einzelnen Menschen. Und es liegt ganz und gar immer nur am einzelnen Menschen, ob er sie mit Füßen tritt – oder ob er sie wahrt. So wie das eine das persönliche Verdienst eines Menschen ausmacht – so das andere seine persönliche Schuld.

Und es gibt nur persönliche Schuld. *Niemals aber dürfte die Rede sein von Kollektivschuld.* Freilich, es gibt auch die persönliche Schuld eines Menschen, der zwar »nichts getan« hat – aber so manches unterlassen; unterlassen aus Angst um sich selbst oder aus dem Zittern um seine Angehörigen. *Wer aber einem solchen Menschen zum Vorwurf machen will, dass er ein »Feigling« war, der müsste zuvor für seine eigene Person unter Beweis gestellt haben, dass er selber in der gleichen Situation ein Held gewesen.*

KOMMENTAR

Frankl hat als Holocaust-Opfer wahrlich genug durchgemacht. Aber niemand hat jemals ein Wort des Hasses aus seinem Munde gehört. Er verteidigte sogar die Nation, die ihm die Liebsten und beinahe das Leben geraubt hat. Er verteidigte sie, indem er Nachsicht mit den »Feiglingen« und »tatenlosen Zuschauern« unter dem Hitler-Regime übte, die nicht rechtzeitig auf die politischen Barrikaden gegangen sind. Sie standen unter immensem Druck, und nicht jeder ist zum Helden befähigt. Er verteidigte auch die Nachfolgegeneration, die im 2. Weltkrieg noch jung oder gar nicht geboren war, indem er ihr jegliche »Kollektivschuld« absprach.

Aber trotz aller Milde verteidigte Frankl auch immer die Würde des Menschen, die mit dem Verantwortlichsein und der potentiellen Schuldfähigkeit des Menschen unauflöslich verknüpft ist. Ein im Winde schaukelndes Schilfrohr denkt nicht, wählt nicht, wahrt nichts und tritt nichts mit Füssen. Das Schilfrohr »Mensch« hingegen, genauso schwankend, zerbrechlich und vergänglich, denkt, wählt, wahrt seine Würde oder tritt sie mit Füssen.

Das ist der Unterschied, und auf den kommt es an.

ZEIT UND VERGÄNGLICHKEIT

EINSCHUB: MEIN LETZTER TAG

Zur Einstimmung die aufgeschriebene Idee einer ehemaligen Patientin von mir:

Patientin: Manche Tage vergehen, ohne dass ich richtig gelebt habe. Manche Tage vertrödele, verschlafe oder versäume ich. Ich bin völlig gefesselt von meiner Arbeit, meinen Sorgen und Problemen. Ich langweile mich oder mache mir selbst und meinen Mitmenschen das Leben schwer. Nicht so schlimm, denke ich. Ich habe ja noch unzählige Tage vor mir. Es gibt immer eine neue Chance.

Ist das wirklich so? Was bedeutet mir eigentlich ein Tag? Sehr wenig! Was würde mir ein Tag bedeuten, wenn es der letzte wäre? – Alles!

Vielleicht hilft mir das auf die Sprünge:

Ein einziger, letzter Tag! – Ein kostbarer, einzigartiger Tag wartet auf mich ... Ein besonderer Tag wird mir geschenkt ... Ein Tag voller Lebensmöglichkeiten will gelebt werden.

Und wenn es nicht der letzte ist? Dann habe ich morgen noch einen besonderen Tag, ein einzigartiges Geschenk ...

Und wenn ich eine Zeit lang erfahren habe, wie beglückend ein intensiv gelebter Tag sein kann, brauche ich diesen Trick irgendwann nicht mehr anzuwenden.*

Die Lötstelle im Kreis

So erweist sich denn das Leben des Menschen als etwas, das man bezeichnen muss als ganzheitliche Zeitgestalt: Jeder einzelne Augenblick solchen Daseins ist durchwegs bezogen auf »seine« Vergangenheit und »seine« Zukunft, und »seinen« Tod (Rilke). Sterbend rundet der Mensch »sein« Leben zu einem in sich geschlossenen Ganzen. So wie ein Kreis eine in sich geschlossene Figur darstellt – ohne Anfang und ohne Ende und insofern, obgleich durchaus endlich, dennoch unbegrenzt –, so ist auch das Leben eines Menschen und, in einem damit, »seine« Welt in sich geschlossen, sobald er gestorben. Wie eine Kreislinie in sich zurückführt, so das Leben eines Menschen im Augenblick des Todes. Jene »Lötstelle« jedoch, die das Leben zum Ganzen schließt, die das Ende an den Anfang anschließt, – diese Lötstelle wird repräsentiert durch das Unbewusste, aus dem der Mensch zum Leben erwacht und in das er in den Tod entschläft.

---

* Abdruck mit Erlaubnis der (anonymen) Autorin.

Der Pascalsche Vergleich des Menschen mit einem Schilfrohr rührt an einer sensiblen Stelle unserer Existenz: Wir sind vergängliche Wesen. Die »tragische Trias« Leid und Schuld wird vom Tod komplettiert. Freilich verdrängen wir den Tod – besser: *unseren* Tod – gerne, auch dann, wenn wir dem Tod in den Medien oder in unserer Nachbarschaft begegnen. Es sind die *anderen*, die sterben. Wir selbst sind noch lange, lange nicht dran ... Das Schilfrohr klammert sich an einen Strohhalm – und wenn es knickt, knickt dieser Strohhalm sofort mit.

Wir sind also vergängliche Wesen. Deswegen ist es wichtig, beizeiten Strategien zur Vergänglichkeitsbewältigung zu entwickeln. Frankl war sogar der Ansicht, dass eine gute Vergänglichkeitsbewältigung noch Vorrang hat vor einer guten Vergangenheitsbewältigung. Denn gerade dann, wenn jemand mit seiner Vergangenheit im Reinen ist und sein Leben bejahen kann, fällt es ihm umso schwerer, davon Abschied zu nehmen.

Erörtern wir eine Bildserie, in der Frankl Hilfen für eine gelingende Vergänglichkeitsbewältigung angeboten hat.

Das erste Bild zeigt eine Lötstelle im Kreis. Der Kreis steht für das vollendete Leben, in dem Vergangenheit, Gegenwart und Zukunft eines Menschen zu einer zeitlosen Ganzheit verschmelzen, die in sich geschlossen ist. Solange der Betreffende bei Bewusstsein gewesen ist, gab es für ihn die einzelnen Zeitabschnitte, die er durchschritten hat, aber am Anfang und am Ende ist er ihnen in Unbewusstheit entrückt. Er war und ist dort »jenseits« von Raum und Zeit, wo sich alle Lebensbögen zu Kreisen zusammen biegen, die in der Ewigkeit aufgereiht sind.

Was will das Bild besagen? Dies: »Erschrick' nicht vor der Unbewusstheit, aus der du erwachst und in die du entschläfst! In ihr ruht geborgen und gerundet dein ganzes bewusstes Leben.«

Schallplatten-Wiedergabe

So hätte sich denn die geistige Person als etwas erwiesen, das bereits zeitlebens in einem Jenseits der Leiblichkeit und Sinnlichkeit »ist«. In dieses Jenseits hinein folgen wir ihr, indem wir, sie intendierend, über das Sinneseindrucksmäßige »hinaus« sind. Immer »haben« wir – durch den Sinneseindruck hindurch, den wir von ihr haben, – die Person selbst; somit haben wir immer auch schon mehr als bloße Sinneseindrücke: Durch alles Optische, Akustische usw. hindurch »peilen« wir immer auch schon das Geistige »an«. Die geistige Person selbst gelangt zur Gegebenheit. Diese Gegebenheit ist jedoch je nachdem eine mehr oder weniger mittelbare bzw. unmittelbare. Es gibt Grade der Mittelbarkeit bzw. Unmittelbarkeit; aber die verschiedenen Weisen der Gegebenheiten unterscheiden sich eben nur durch diese Grade – die Unterschiede sind nur graduelle, aber keine prinzipiellen.

Wählen wir ein Beispiel: Ich spreche mit jemandem – unmittelbar; ich habe dann diverse Sinneseindrücke optischer, akustischer Art. Nehmen wir nun an, ich spreche mit ihm telephonisch; dann ist er mir weniger unmittelbar »gegeben« – die Mittelbarkeit hat zugenommen. Schreiten wir auf dieser Stufenleiter der Mittelbarkeit fort, so ließe sich anreihen der Sachverhalt im Falle einer Übertragung durch Rundfunk: In diesem Falle würde jedoch wieder nur der Raum überwunden; an diesen Fall ließe sich anschließen der Fall einer Wiedergabe durch Schallplatten: In diesem Falle würde auch die Zeit überwunden.

Auf diesem Wege ist es beispielsweise möglich, den verstorbenen Richard Tauber auch heute noch singen zu hören. Durch die Schallplatten-»Wiedergabe« seiner Stimme ist aber auch er selbst wieder »gegeben« – er ist uns wiedergegeben, zurückgegeben; denn es ist nicht wahr, dass wir Schallwellen hören: Wir hören keine Schallwellen, weder von einem persönlich anwesenden oder in einem Radio-Studio befindlichen lebenden Sänger noch von der Schallplatte eines toten Sängers her. Vielmehr hören wir in jedem einzelnen dieser Fälle den Sänger selbst. Durch die Stimme Richard Taubers hindurch – mag sie nun so oder so vermittelt sein –, durch all diese unterschiedlichen

Sinneseindrücke bzw. durch die verschiedenen Grade der Mittelbarkeit hindurch, sind wir immer auch schon über alles Sinneseindrucksmäßige hinaus, »haben« wir immer auch schon die den Sinneseindruck »machende«, die »sich ausdrückende« geistige Person selbst, gelangt sie selber zu einer wenn auch noch so mittelbaren Gegebenheit, ist uns das Einmalige und Einzigartige der Person, der »Zauber« einer Stimme eben als persönlicher »gegeben«. Auch übers Grab hinaus haben wir den Sänger, als Persönlichkeit, wieder.

KOMMENTAR

Das zweite Bild von Frankl zur Vergänglichkeitsbewältigung zeigt eine alte Schallplatte, von der die herrliche Stimme eines berühmten Sängers ertönt. Ein hingerissen Zuhörender lauscht nicht bloß physikalischen Schallwellen, sondern er lauscht der *Person* Richard Tauber. Er lauscht und erlebt einen Toten. Der Tote ist »da«, ist »ihm nah«, ist »bei ihm«.

Frankl wies darauf hin, dass wir eine lebende Person ebenfalls nur mittelbar erleben, etwa über ihre Stimme, ihr Aussehen, ihre Körperlichkeit. Die Person selbst, im reinen Personsein, bleibt uns verhüllt, im Leben wie im Tod.

Was will folglich das zweite Bild besagen? Dies: »Auch wenn du in die Unbewusstheit entschlafen bist, kannst du immer noch anderen Menschen zu Bewusstsein kommen. In ihren Erinnerungen, in ihren Träumen, in ihren Fotos und Andenken begegnen sie dir wieder, und in ihrer Liebe lebst du weiter. Du bist im Tod der Welt mittelbarer gegeben als während des Lebens, doch die Welt hat »Mittel«, den Kontakt mit dir zu halten. Und hast du keine Tonträger mit deiner Stimme hinterlassen, so hast du andere Spuren gelegt – in den Herzen deiner Familie und deiner Freunde. Irgendwie haben sie dich auch über das Grab hinaus *bei sich.*«

Die Strahlkraft des Radiums

Gewiss, unser Leben als biologisches, das Leibliche, ist seiner Natur nach vergänglich. Nichts bleibt von ihm – und doch: wie viel! Was von ihm bleibt, was von uns übrigbleiben wird – was uns überdauern kann, das ist das in unserem Dasein Verwirklichte, das über uns hinaus und über uns hinweg Nachwirkende.

Unser Leben verpufft in seine Wirksamkeit – und insofern gleicht es etwa dem Radium, dessen Materialität ebenfalls im Laufe seiner »Lebenszeit« (und die radioaktiven Stoffe haben bekanntlich eine beschränkte Lebenszeit) zunehmend in Strahlungsenergie sich umsetzt, um nie wieder zur Stofflichkeit zurückzukehren. Was wir »ausstrahlen« in die Welt, die »Wellen«, die von unserem Sein ausgehen – das ist es, was von uns bleiben wird, wenn unser Sein selbst längst dahingegangen ist.

KOMMENTAR

Das nächste Bild von Frankl zur Vergänglichkeitsbewältigung zeigt etwas weniger Anschauliches als Lötstellen und Schallplatten. Wer von uns kann sich schon das chemische Element Radium, ein seltenes weißlich glänzendes Schwermetall, vorstellen? Dennoch haben die meisten von uns ein Basiswissen über die Radioaktivität, die gefährliche Strahlung des Elements. Warum strahlt Radium überhaupt? Nun, es zerfällt unter Aussendung von Wellen in Bruchstücke. Seine Materie wandelt sich allmählich in Strahlungsenergie um.

Was will somit das Franklsche Gleichnis besagen? Dies: »Sorge dich nicht, selbst wenn dich eines Tages die Welt vergisst. Nach deinem Tod lebst du nicht nur in den Erinnerungen deiner Verwandten und Bekannten weiter, sondern vor allem in den Schwingungen deines eigenen Wirkens. Denn auch während deiner Lebenszeit wandelt sich Materie allmählich in Energie um. Und ist die Materie zerfallen, bleibt die Fülle der von dir ausgestrahlten Energie übrig, die am Gesamtschöpfungswerk mit gestaltet hat, und die niemand mehr davon abziehen kann. Gewusst oder nicht, schwingen deine Wellen im Rhythmus der Welt weiter.«

Das Stoppelfeld und die Scheune

Wir sagten, der Tod würde vom alltäglichen Menschen missverstanden; das ist zu wenig gesagt: Die Zeit wird missverstanden. Denn wie steht der durchschnittliche Mensch zur »Zeit«? Er sieht nur das Stoppelfeld der Vergänglichkeit – aber er sieht nicht die vollen Scheunen der Vergangenheit. Er will, dass die Zeit stillstehe, auf dass nicht alles vergänglich sei; aber er gleicht darin einem Manne, der da wollte, dass eine Mäh- und Dreschmaschine stille steht und am Platz arbeitet, und nicht im Fahren; denn während die Maschine übers Feld rollt, sieht er – mit Schaudern – immer nur das sich vergrößernde Stoppelfeld, aber nicht die gleichzeitig sich mehrende Menge des Korns im Innern der Maschine. So ist der Mensch geneigt, an den vergangenen Dingen nur zu sehen, dass sie nicht mehr da sind; aber er sieht nicht, in welche Speicher sie gekommen. Er sagt dann: Sie sind vergangen, weil sie vergänglich sind – aber er sollte sagen: Vergangen *sind* sie; denn: »einmal« gezeitigt, sind sie »für immer« verewigt.

KOMMENTAR

Das vierte Bild von Frankl zur Vergänglichkeitsbewältigung ist sein berühmtestes und zugleich das archetypisch älteste seiner Art. Die besondere Nuance jedoch, die Frankl diesem Bild verliehen hat, ist der »Dreh« *weg* vom »Sensenmann«, der alle Ähren vom

Erntefeld unseres Lebens hinwegmäht, *hin* zur bergenden Scheune, in der das eingefahrene Korn unseres Lebens beschützt und behütet ruht, von den Wettern über den abgeernteten Feldern nicht mehr verrottbar und von keiner Sense mehr zu zerschneiden. Selbst wenn sämtliche Spuren von uns im Sand der Geschichte verweht sein werden, und selbst wenn sämtliche Wellen unseres Wirkens im Weltengetriebe verklungen sein werden, wird im »Schoß des Seins« wahr bleiben, was wahr gewesen ist. Die gesamte Fülle unseres Dagewesenseins mit jedem einzelnen Detail, das sich darin ereignet hat, ist nicht mehr aus der Wahrheit herauszuschaffen, von keiner irdischen oder überirdischen Macht und auch nicht von Gevatter Tod.

Eine Ehe zum Beispiel, die 30 Jahre lang gehalten ist, ruht in der Scheune der Vergangenheit zweier Menschen, und wenn beide längst schon tot sind, wird sie immer noch eine 30-jährige Ehe gewesen sein und keine 20-jährige; und wenn sie gut war, wird sie immer noch eine gute Ehe gewesen sein und keine schlechte. Der Tod kann kein Jahr von ihr abschneiden, ebenso kann er ihre Qualität nicht mindern, so sehr er seine »Sense« wetzen mag. Angesichts der ewigen Wahrheit ist der scheinbar mächtige Tod – ohnmächtig.

Was besagt also das Scheunenbild? Dies: »Zögere nicht! Lass' dich von der Endlichkeit deines Lebens nicht irritieren! Was du mühevoll leistest, was du dir täglich an Überwindung für eine vernünftige Sache abringst, ist nicht umsonst, sondern Korn vom Feinsten für deine Scheune. Deine verflossenen Momente der Seligkeit, deine einstigen Gipfelerlebnisse sind auch nicht ein für allemal vorüber, sondern die Krönung deiner Lebensernte. Fahre emsig ein, was du noch vom Feld holen kannst: ein Stück Liebe, ein Stück Arbeit, ein Stück aufrechtes Leiden oder aufrichtiges Mitleiden, je nachdem, ehe sich dein Scheunentor schließt. Ignoriere das sich vergrößernde Stoppelfeld rund um dich, denn die Stoppel werden vergehen. Sie werden zur Mutter Erde zurückkehren. Was du aber in die Scheune der Wahrheit über dich selbst hineinverwirklicht hast, das fällt dort nicht mehr heraus, das ist für immer unverfälscht und unverfälschbar Deines.«

Der Abreißkalender

Wohl ist die verflossene Zeit unwiederbringlich; aber das in ihr Geschehene ist unantastbar und unverletzlich. Und so erweist sich die fließende Zeit nicht nur als Räuberin, sondern auch als Treuhänderin! Und sofern eine Weltanschauung auch die Vergänglichkeit des Daseins in ihrem Blick behält, muss sie trotzdem keineswegs pessimistisch sein. Wollten wir aber versuchen, es im Gleichnis auszudrücken, dann könnten wir sagen:

Der Pessimist gleicht einem Manne, der vor einem Wandkalender steht und mit Furcht und Trauer sieht, wie der Kalender – von dem er tagtäglich je ein Blatt abreißt – immer schmächtiger und schmächtiger wird; während ein Mensch, der das Leben im Sinne des oben Gesagten auffassen würde, einem Manne gliche, der das Blatt, das er vom Abreißkalender soeben entfernt hat, fein säuberlich und behutsam zu den übrigen, schon früher abgerissenen legt, nicht ohne auf der Rückseite des Blattes eine tagebuchmäßige Notiz zu machen und nun, voll Stolz und Freude, dessen zu gedenken, was da alles in diesen Notizen festgelegt ist – was da alles in seinem Leben »festgelebt« wurde. Was ist's selbst, wenn dieser Mensch merkte, wie er altert? Sollte er – könnte er deshalb mit neidvollem Herzen auf die Jugend anderer Menschen oder mit wehmütigem auf die eigene blicken? Um was sollte er einen jungen Menschen denn beneiden – so wird er sich vielmehr denken müssen –, vielleicht um die *Möglichkeiten,* die ein junger Mensch noch hat, um dessen *Zukunft*? »Danke schön«, wird er sich denken, »ich habe stattdessen *Wirklichkeiten* – in meiner *Vergangenheit;* nicht nur die Wirklichkeit der gewirkten Werke, sondern auch die der geliebten Liebe und auch noch die der gelittenen Leiden. Und auf die bin ich am meisten stolz – mag ich auch um sie am wenigsten beneidet werden …«

Das fünfte Bild von Frankl zur Vergänglichkeitsbewältigung wechselt von draußen nach drinnen, vom Getreidefeld zum Wandkalender im Haus. Wiederum wird der »Dreh« deutlich, den Frankl vollzog, diesmal vom Pessimisten zum Optimisten. Nur eine leichte Handbewegung trennt beide von einander. Der eine wirft das abgelaufene Kalenderblatt weg. Der Tag ist vorbei, das Blatt ist überflüssig geworden. Es landet im Müll. Der Kalender verschlankt sich sichtlich, wird dünner und dünner. Mit dem letzten Blatt wird auch er ausgedient haben und im Müll landen. Der nächste Kalender rückt an seine Stelle – bis die Stelle an der Wand einmal leer bleibt, weil kein Tag im Leben dieses Mannes mehr kommt. Müll zu Müll ... die Devise des Pessimisten.

Der andere wirft das abgelaufene Kalenderblatt nicht weg. Er dreht es um, notiert die »(be)merkenswerten« Inhalte des betreffenden Tages, und legt es auf einen Platz in seinem Gedächtnis. Er sammelt die Wertspitzen seines Lebens ein, viele flache, manchmal auch eine steil aufragende dazwischen, und freut sich an ihrer Menge und Vielfalt. Er fühlt sich Tag für Tag mit einem aufregend neuen Tag beschenkt und ist Tag für Tag neugierig, was er abends wird notieren dürfen. Der Stoß der Kalenderblätter wächst, die gesammelten Wertspitzen addieren sich zu gigantischen Höhen. Wert zu Wert … die Devise des Optimisten.

Was besagt das anschauliche Kalenderbild? Dies: »Beneide die jungen Menschen nicht um ihre prallen Kalender, wenn du alt wirst! Gönne sie ihnen leichten Gemütes! Zwar ist dein Kalender jetzt erschreckend dünn, aber die davon abgerissenen Kalenderblätter sind nicht im Müll, sondern sauber aufgereiht zur Geschichte deines Lebens. Und sie sind nicht leer, sondern mit lauter (be) merkenswerten Notizen beschrieben. Vielleicht, wenn der Blätterstoß am Ende komplett ist, gibt es ja Einen, der alles liest und dir anerkennend auf die Schulter klopft …«

Ewiges Alluvium

Die Zeit vergeht, die Zeit verfließt – so sagt man doch? Auch spricht man substantivisch vom »Fluss der Zeit«, und wenn von ihm die Rede ist, dann stellt man sich vor, die Zeit fließe aus der Zukunft durch die Gegenwart in die Vergangenheit.

Allerdings wird immer nur gesehen, dass dieser »Fluss« sich sein Bett und uns unser Grab gräbt: Man sieht nur jenes Moment am Zeitfluss, das die Geologen Erosion nennen. Tatsächlich geht auch die Rede vom »nagenden Zahn der Zeit«. Bei alledem wird nun übersehen, dass der Fluss der Zeit nicht nur fortnagt, sondern auch aufhäuft; in der Vergangenheit reichert sich das Geschehene und Geschaffene fortwährend an, in ihr sedimentiert sich das Vergangene, im Schoße der Vergangenheit sinkt das Vergangene ständig zu Boden und bleibt dort aufbewahrt. *Die Zeit verfließt; aber das Geschehen gerinnt zur Geschichte. Nichts Geschehenes lässt sich ungeschehen machen – nichts Geschaffenes lässt sich aus der Welt schaffen. In der Vergangenheit ist nichts unwiederbringlich verloren: im Vergangensein ist alles unverlierbar geborgen.* Um es wieder im Jargon der Geologie zu sagen: wir leben in einem ewigen Alluvium.

KOMMENTAR

Das letzte Bild von Frankl zur Vergänglichkeitsbewältigung wandert von drinnen zurück nach draußen. Es ist ein ganzheitliches Bild wie fast jede Metapher von der Flüsse Fließen und der Wiederkehr der Wasser. Auch der Zeitfluss verfließt nicht ins Nichts, sondern in ein unendliches, unvorstellbares »Meer«. Und die Gesteine und Gerölle, die er an einer Stelle ausgräbt, häuft er an anderer Stelle wieder an. Nichts geht verloren in der Natur; wie könnten *wir* dann verloren gehen?

Was besagt also das Bild vom ewigen Alluvium? Dies: »Es muss dir nicht bang sein. Vertrau'!«

GLAUBE UND RELIGIOSITÄT

Papiertütenherstellung

Stelle ich mir zur Aufgabe, Papiertüten zur Verpackung einer Ware herzustellen, dann werde ich hierzu eine gewisse Intelligenz benötigen, die immerhin so gering ist, dass ich etwa auch einen Idioten, den ich in einer Irrenanstalt im Sinne der Beschäftigungstherapie behandle, mit dieser Aufgabe betrauen kann. Stelle ich mir hingegen zur Aufgabe, eine Maschine zu konstruieren, welche die Herstellung dieser Papiertüten selbsttätig bewerkstelligen soll, dann werde ich jedenfalls eine Intelligenz von wesensverschieden höherem Grade dazu benötigen, um diese Maschine zu konstruieren.

Analog steht es nun mit der sogenannten Weisheit der Instinkte: Es gibt bekanntlich eine Käferart, deren Weibchen aus Blättern in bestimmter Weise (gemäß einer »irrationalen« Kurve, die selbst Mathematikern Kopfzerbrechen verursacht) Stücke herausschneiden, die sie zu Tüten rollen, in denen sie ihre Eier sicher ablegen können. Müssen wir uns da nicht fragen: Ist schon die Leistung dieses so »weisen« Instinkts erstaunlich – wie unvergleichlich höheren Rang muss erst jene Weisheit haben, die doch diesen Instinkt gleichsam gestiftet hat? ... Wir sehen also, wie der Instinkt, auch der moralische: das Gewissen, über sich und aus der Immanenz hinaus, in eine Transzendenz verweist.

KOMMENTAR

Die Gleichnisse der Vorkapitel haben uns zweimal in die Natur hinaus geführt: 1. auf die Getreidefelder menschlicher Verwirklichungschancen und 2. zum Zeitfluss, der sich sein Bett durch das Gestein unserer hinfälligen Leiblichkeit gräbt. Auch das Papiertütengleichnis von Frankl nimmt Bezug zur Natur. Das Kleben von Papiertüten steht für einfache Verrichtungen, die einfache Wesen ausführen können. Trotzdem muss jemand die einfachen Wesen zu solchen Verrichtungen anleiten. Betreuer lehren Behinderte, Waren herzustellen. Eltern drücken ihren Kleinkindern Papier und Buntstifte in die Hand und lehren sie malen und zeichnen. Betreuer und Eltern geben ihr Wissen weiter … das Wissen an Nichtwissende.

Wer also gibt sein Wissen an die nichtwissenden Pflanzen und Tiere weiter? Wer lehrt sie, sinnvoll zu handeln? Und wie erstaunlich sinnvoll handeln sie doch! Die Blättertüten zum Beispiel, die jene Käfer herstellen, sind exakt berechnet. Wer hat die Käfer rechnen gelehrt? Frankl fand nur *eine* Antwort, vor der er sich beugte: Gott.

Seine Antwort ist mit einer Nebenantwort kurzgeschlossen. Das (göttliche) Wissen ist an die nichtwissenden Pflanzen und Tiere »per Instinkte« weitergegeben. Doch nicht nur an Pflanzen und Tiere allein, etwas davon ist auch an uns Menschen weitergegeben. Weniger ein instinktives Wissen, wie man mathematische Kurven berechnet, denn dazu haben wir unseren eigenen Verstand bekommen, sondern eher ein instinktives »moralisches« Wissen, ein feines ethisches Gespür. Wann immer wir dieses vernehmen, sind wir gut beraten, ihm genauso blindlings zu folgen wie die Käferweibchen ihrem Instinkt folgen, der sie anleitet, ihre Eier in Blättertüten abzulegen, ohne dass sie begreifen, warum und wieso. ER weiß schon, warum – und das genügt.

Adern voll Blut

Der primär amorphe, religiöse Enthusiasmus will sich ins präformierte Strombett der tradierten Konfession ergießen – ohne sie ist er durch die Formlosigkeit bedroht.

Umgekehrt ist die konfessionelle Tradition dadurch gefährdet, dass sie – sobald sie existentiell nicht mehr durchpulst und durchblutet ist – erstarrt und gerinnt. Sobald sich die Religion zur Konfession wandelt, wird aus einem Dynamischen etwas Statisches. Diese Wandlung bringt die Gefahr mit sich, dass das Statische hypostasiert werde, dass es fixiert werde in dogmatischem Inhalt und in ritualer Form.

Liegt die Gefahr für die Religion in der Verschwommenheit im Vagen, im Zerfließen in der Form- und Uferlosigkeit, so liegt die Gefahr für die Konfession (welche die erste Gefahr bannen soll) im Gerinnen des religiösen Gehalts in der Form bzw. im Erstarren der Form selbst. *Blut ohne Adern verblutet – Adern ohne Blut verkalken.*

KOMMENTAR

Die zuvor erwähnte Antwort, zu der Frankl gelangt ist, bewog ihn, sich u. a. mit der Frage nach der menschlichen Religiosität zu beschäftigen. Als praktizierender Seelenarzt sah er häufig genug die katastrophalen Konsequenzen engstirniger dogmatischer Glaubenslehren, hatte aber ebenso oft Gelegenheit, das Gegenteil, nämlich die katastrophalen Konsequenzen fehlenden metaphysischen Haltes bei seinen Patienten zu beobachten. Auf Grund dessen diagnostizierte er zwei polare pathogene Formen: die »blutlose« und die »verkalkte« Religiosität.

Die *blutlose Religiosität* ist eine wortlose, anonyme, die in schwammiger Unverbindlichkeit eine unpersönliche höhere Macht antizipiert, ohne Riten zu haben, um mit ihr in Kontakt treten zu können. Das Gefühl, sich zu jeder Zeit auf sie beziehen, berufen und verlassen zu können, ist bei Menschen mit blutloser Religiosität unausgereift.

Die *verkalkte Religiosität* wiederum ist eine in dogmatischen Riten und inhaltsleeren Zeremonien erstarrte, die den Alleinanspruch erhebt, eine »Hotline« zur höheren Macht und ihren Wünschen zu besitzen. Wer daran zweifelt, wird u. U. mit Sanktionen bestraft. Das Gefühl, bedingungslos angenommen zu sein, ist Menschen mit verkalkter Religiosität fremd.

Dem gegenüber plädierte Frankl für eine *existentiell durchpulste Religiosität,* wie er sie nannte. In ihr pulsiert ein kraftvoller, spontaner Bezug zwischen dem gläubigen Menschen und seinem Gott, wobei die Worte, Symbole und Riten, die als Bezugsvehikel verwendet werden, sekundär sind. In ihr ist Weite und Fülle, Freude und Angstfreiheit.

Wahrlich, solche »Adern« zur Transzendenz müsste man haben! Vielleicht können wir unsere dahingehend ein wenig auffrischen?

Das kleine und das große Feuer

Auf Grund beruflicher Erfahrung und persönlicher Erlebnisse wage ich zu sagen, dass für die überwiegende Mehrheit gläubiger Konzentrationslager-Insassen Gott »nicht gestorben ist«, womit ich der Aussage eines amerikanischen Rabbiners entgegentrete, dessen Buch »After Auschwitz« uns das Gegenteil glauben machen will (er *war* ja nicht in Auschwitz). Wie ich es sehe, ist der Glaube an

Gott entweder ein bedingungsloser, oder es handelt sich nicht um einen Glauben an Gott. Ist er bedingungslos, so wird er auch standhalten, wenn sechs Millionen dem Holocaust zum Opfer gefallen sind, und ist er nicht bedingungslos, so wird er angesichts eines einzigen unschuldigen Kindes, das im Sterben liegt, aufgeben; denn handeln können wir mit Gott nicht, wir können nicht sagen: Bis zu sechstausend oder von mir aus einer Million Holocaust-Opfer erhalte ich meinen Glauben an dich aufrecht; aber von einer Million aufwärts ist nichts zu machen, und – es tut mir leid – ich muss meinen Glauben an dich aufkündigen.

Die Fakten sprechen dafür, dass sich ein Aphorismus von La Rochefoucauld bezüglich der Auswirkung der Trennung auf die Liebe variieren lässt: Gleich dem kleinen Feuer, das vom Sturm gelöscht wird, während das große Feuer von ihm angefacht wird, wird der schwache Glaube von Katastrophen geschwächt, während der starke Glaube aus ihnen gestärkt hervorgeht.

KOMMENTAR

Der Glaube eines Menschen liegt insbesondere dann auf dem Prüfstand, wenn der Mensch selbst im Elend steckt oder wenn sich das Elend um ihn herum dermaßen zusammenballt, dass er sich einen liebenden »Vater«, der vom Himmel aus tatenlos zuschaut, nicht mehr vorstellen kann. Hier endet das Begreifbare, und der Glaube muss, soll er die Prüfung bestehen, ins Unbegreifliche hineinglauben. Das ist schwer.

Frankl hatte dennoch kein Problem damit. Es war ihm vollkommen bewusst, dass die menschliche Logik vor einem übermenschlichen Willen kapitulieren muss. Gottesbeschreibungen wie »der tatenlos zuschauende Vater«, »der zürnende oder rächende Herrscher«, »der kleinliche Schöpfer, der sich ärgert, wenn seine Geschöpfe ihn nicht genug rühmen« usf. sind rundum anthropomorph. Das heißt, sie sind Beschreibungen menschlicher Autoritäten, die »nach oben« projiziert werden. Eine wirklich zutreffende Gottesbeschreibung gibt es für uns nicht, weil wir sie einfach nicht verstehen würden. Es gibt schließlich auch kein Computerbenutzerhandbuch für Ameisen, weil sie es nicht verstehen würden.

Was bleibt uns dann? Nun, es steht uns frei, fraglos und bedingungslos zu glauben. Ohne Wenn und Aber. Es steht uns frei, das Geheimnis zu akzeptieren, das das Elend der Welt umweht. Es steht uns frei, die Hoffnung auf Gottes Weisheit in unserem Herzen lodern zu lassen wie ein Feuer, das zum Himmel steigt.

In diesem Fall wird es keinem Lebenssturm gelingen, es auszulöschen.

In diesem Fall werden wir jedes Elend, worum es sich auch handeln mag, seelisch unbeschadet überstehen.

Blick durch die Ruinen

Im Übrigen soll man nicht geringschätzig davon sprechen, dass so manchen Menschen die »Not beten lehrt«. Es ist nicht einzusehen, warum das Beten in der Not weniger echt, weniger eigentlich, weniger ursprünglich sein sollte. *Die Religion, die man erst hat, sobald es einem schlecht geht, – in den USA heißt sie Fox Hole Religion – ist mir lieber als die Religion, die man nur hat, solange es einem gut geht – ich möchte sie nennen die Business Men Religion.* Wie oft sind es erst die Ruinen, die den Blick freigeben auf den Himmel!

KOMMENTAR

Wir haben eingestanden: Es ist schier unbegreiflich, warum all das Elend in unserer Welt ist und sein darf. Es ist vom Geheimnis umweht …

Aber seltsam: Mitunter lüftet sich ein Zipfel des Geheimnisses, gerade soviel, dass uns eine Ahnung überkommt. In dem bekannten Bonmot von Frankl, dass oft erst die Ruinen den Blick auf den Himmel wieder eröffnen, wird eine solche Ahnung angedeutet. In der Geschichte waren stets Menschen und sogar ganze Völker gefährdet, (nicht bloß, wenn sie Not litten, sondern auch) wenn sie im Luxus hausten. Der Wohlstand bekam ihnen nicht, so sehr sie ihn ersehnt hatten. Sie gewöhnten sich daran, erachteten alle vorhandenen Ressourcen als selbstverständlich, wurden extrem selbstsicher und hochnäsig, konsumierten hemmungslos, was da war, und vergaßen die guten Sitten. Es bedurfte stets einer existentiellen Erschütterung, um sie zur Bescheidenheit und Dankbarkeit zurückzuholen.

Ruinen erinnern. An frühere Zeiten. An Häuser und Paläste. An Feste und Feiern. Manchmal aber auch daran, dass es Höheres gibt als den Mammon.

Im nachstehenden Bericht kam eine rettende Erinnerung durch das Wort eines kleinen Jungen in einer Arztpraxis zurück:

Der Pirat

Frau Meier saß im Wartezimmer ihres Arztes, als ein kleiner Junge mit seiner Mutter hereinkam. Der Junge erregte Frau Meiers Aufmerksamkeit, weil er über einem Auge eine schwarze Augenklappe trug. Sie staunte darüber, wie unbekümmert er den Verlust seines Auges hinzunehmen schien, und sah zu, wie er seiner Mutter zu einem Stuhl in ihrer Nähe folgte.

An diesem Tag war die Arztpraxis sehr voll, und so hatte Frau Meier Gelegenheit, sich mit der Mutter des Jungen zu unterhalten, während dieser mit seinen Soldaten spielte. Erst saß er still da und spielte mit den Figuren auf seiner Stuhllehne. Dann glitt er auf den Boden und spielte dort weiter.

Nach einer Weile fragte Frau Meier den kleinen Jungen, was mit seinem Auge passiert war. Er dachte nach und sagte dann, seine Augenbinde lüftend: »Nichts. Mein Auge ist in Ordnung. Ich bin ein Pirat.« Dann wandte er sich wieder seinem Spiel zu.

Frau Meier war in der Arztpraxis, weil sie durch einen Autounfall vom Knie abwärts ein Bein verloren hatte. An diesem Tag sollte darüber entscheiden werden, ob die Wunde ausreichend verheilt war, um eine Prothese anpassen zu können. Der Verlust eines Teils des Beines hatte Frau Meier am Boden zerstört. So sehr sie sich auch bemühte, tapfer zu sein, sie fühlte sich als Invalidin. Verstandesmäßig wusste sie, dass dies ihr Leben nicht beeinträchtigen sollte, aber gefühlsmäßig war es ihr unmöglich, diese Hürde zu nehmen. Freunde hatten ihr vorgeschlagen, es mit der Visualisierung zu versuchen, und das hatte sie auch getan, aber es gelang ihr einfach nicht, ein Bild heraufzubeschwören, das sie auf Dauer emotional akzeptieren konnte. Vor ihrem geistigen Auge sah sie sich als Krüppel. Ein anderes lebendiges Bild und eine neue innere Identifikation wollten ihr einfach nicht gelingen.

Das Wort »Pirat« jedoch veränderte ihr Leben. Sofort fühlte sie sich an Bord eines Piratenschiffes versetzt, wo sie sich breitbeinig als Long John Silver dastehen sah, das eine Bein mit einem Holzstumpf versehen. Sie hatte die Hände in die Hüften gestemmt und lächelte erhobenen Hauptes und mit gestrafften Schultern in einen Sturm hinein. Die heftigen Sturmböen ließen ihren Mantel flattern und ihr Haar nach hinten wehen. Kalte Gischt schäumte über die Reling, während riesige Brecher gegen das Schiff schlugen.

Es schaukelte und ächzte unter den Sturmgewalten. Doch sie stand da – stolz und unerschrocken.

Das Bild von der Invalidin wurde plötzlich durch dieses neue Bild ersetzt, und ihr Mut und ihre Tapferkeit kehrten zurück. Lächelnd und dankbar blickte sie auf den kleinen Jungen, der immer noch mit seinen Soldaten beschäftigt war.

Ein paar Minuten später wurde sie von der Arzthelferin hineingerufen. Als sie aufstand und sich mit Hilfe ihrer Krücken ausbalancierte, bemerkte der kleine Junge ihre Amputation. »He«, rief er. »Was ist mit Ihrem Bein los?« Die Mutter des Jungen erstarrte vor Peinlichkeit.

Frau Meier blickte einen Moment lang auf ihr verkürztes Bein hinunter. Dann antwortete sie lächelnd: »Nichts Ungewöhnliches, ich bin auch ein Pirat.«*

---

* Quelle unbekannt.

... UND ÜBER UNS DER HIMMEL

Echolotung im Ozean

Wenn man die Tiefe des Meeresbodens an irgendeiner Stelle des Ozeans bestimmen will, dann pflegt man eine sogenannte Echolotung vorzunehmen. Sie ist nichts anderes als die Urform des Radar-Prinzips. Es werden Schallwellen gegen den Meeresboden hin ausgesandt und die Zeit gemessen, die bis zum Eintreffen eines Echos verstreicht.

Nun: die Metaphysiker wollen dem Dasein ebenfalls »auf den Grund kommen«. Aber das Dasein ist bodenlos. Und all unser Fragen nach dem letzten Seinsgrund, gerade nach ihm, findet keinen Widerhall im grenzenlosen Ozean des Seins. Aber es kommt alles darauf an, diesen Tatbestand richtig zu deuten und sich zu fragen: Was wäre das denn für ein Absolutes, das so ohne weiteres uns Rede und Antwort stünde? Und was wäre das für eine merkwürdige Unendlichkeit, an deren endlichen Grundmauern sich die Stimme brechen sollte, mit der unsere letzten Fragen hinaus gesandt werden in den unendlichen Seinsraum? Wir wissen: Vom unendlich fernen, unendlich tiefen Grund des Seins her wird uns nur dann keine Antwort zuteil, wenn wir unsere Fragen – richtig adressiert haben. Denn dann bleiben wir gerade deshalb ohne Antwort, weil unsere Fragen – das Unendliche erreicht haben.

KOMMENTAR

Wir haben eingestanden: es gibt keine wirklich zutreffende Gottesbeschreibung für uns. Wir würden sie nicht verstehen …

Dieser Tatsache hat Frankl große Aufmerksamkeit gewidmet. Jeder Psychotherapeut mit mehrjähriger Erfahrung kann den Grund dafür leicht erraten. In unserer modernen Zeit werden die Psychotherapeuten mit den religiösen Irritationen ihrer Patienten konfrontiert, mehr noch als die Seelsorger. Leider sind die Psychotherapeuten von ihrem Studium her dafür nicht vorbereitet. Sie ziehen sich aus der Affäre, indem sie entweder die Patienten weiter verweisen, oder indem sie »auf diesem Ohr taub sind« bzw. gar die religiösen Anliegen ihrer Patienten als neurotische Konfliktverarbeitungen deklarieren.

Frankl war eine löbliche Ausnahme. Er nahm die religiösen Anliegen seiner Patienten ernst und half den Patienten seelenärztlich aus der Krise, indem er sie lehrte, auf Anthropomorphismen zu verzichten. »Du kannst Gottes Wege nicht erforschen«, war seine Botschaft. »Sei gescheit genug, die Grenzen deiner Gescheitheit zu erkennen. Und sei ehrfürchtig genug, das Unendliche jenseits deiner Grenzen unendlich sein zu lassen, eben unfassbar für deinen Verstand. Zerbrich' dir nicht den Kopf, leg' dich in Seine Hand, in der alles ruht, und du wirst Frieden finden!«»

Im Gleichnis von der Echolotung im Ozean ist diese Botschaft gut verständlich verpackt. Was wäre es für ein Gott, den wir zu einer Art »Talkshow« einladen könnten? Nur in der Stille des Seins dringen unsere Fragen zu ihm vor. Nur in der Stille des Seins teilt er uns zu, was für uns richtig ist.

Wolken am Himmel

Die Kluft, um nicht zu sagen der Abgrund, zwischen dem jeweils Symbolisierenden und dem jeweils *zu* Symbolisierenden macht sich am schmerzlichsten bemerkbar, wenn es um das Über-Sein geht. Und doch wäre es nicht gerechtfertigt, sich des Symbolisierens zu enthalten, darauf zu verzichten, nur weil das Symbol nie und nimmer koinzidieren kann mit dem von ihm Repräsentierten.

Denken wir doch nur an ein Gemälde, das eine Landschaft abbildet, über ihr den Himmel: Jeder Maler, zumindest jeder dem Realismus zugeneigte, wird uns den Himmel »sehen lassen«, indem er einfach ein paar Wolken malt; aber sind denn die Wolken nicht gerade etwas, das nichts weniger als identisch ist mit dem Himmel? Ist es denn nicht so, dass Wolken etwas sind, das – mögen sie uns auch noch sosehr den Himmel sozusagen ahnen lassen – ihn dem (direkten) Anblick entzieht? Und dennoch werden sie als bestes und einfachstes Symbol für den Himmel verwendet. Und so wird denn im allgemeinen auch das Göttliche symbolisiert mit Hilfe von etwas, das es *nicht* ist: Die göttlichen Attribute sind und bleiben bloß *menschliche* Eigenschaften – wo nicht gar allzu menschliche Eigenschaften …

KOMMENTAR

Ein anderes Gleichnis, mit dem Frankl seine ratsuchenden Patienten lehrte, sich anthropomorpher Übergriffe zu enthalten, ist das Gleichnis von den Wolken, die in zahllosen Gemälden den Himmel symbolisieren. Schon ein Kind benützt in seinen frühen Zeichnungen Sonne, Mond, Sterne, Flugzeuge und Wolken (in Zukunft vielleicht auch Satelliten), um den Himmel irgendwie darzustellen. Aber es weiß, dass der Himmel nicht identisch ist mit Sonne, Mond, Sternen, Flugzeugen, Wolken (und Satelliten). Wollte es den reinen Himmel zeichnen, müsste es die betreffende Stelle am Papier leer lassen, denn selbst ein Blauanfärben der Stelle würde nur die Luftschicht der Erde wiedergeben.

Die Symbole, mit deren Hilfe wir also etwas auszudrücken versuchen, sind *nicht dasselbe* wie jenes Auszudrückende. Teilweise verdecken sie es sogar, wie typischerweise die Wolken den Himmel verdecken. Der Vorteil der Symbole ist, dass sie Assoziationen herstellen, die uns das Auszudrückende näherbringen. Gerade die Gestirne in ihren unermesslichen Entfernungen repräsentieren die Unermesslichkeit des Himmels gut. Dafür haben die Symbole den Nachteil, dass sie zu Verwechslungen mit demjenigen verleiten, was sie symbolisieren sollen. Am Ende ist der Himmel dann bloß noch die Gesamtaufhängung der Gestirne …

Aus diesem Blickwinkel zeigt sich zum Beispiel, wie lächerlich und fatal Religionskriege sind. Religionen sind wunderbar ausgeschmückte Symbolsprachen. Und verwenden sie auch unterschiedliche Symbole, so erzählen sie doch alle von dem Einen, vom ersten und letzten Sinn der Welt. Welch ein Artefakt, mit Waffen gegen Symbole zu kämpfen, gar gegen die Symbole der Nachbarn, statt sie einander in gegenseitiger Achtung zu übersetzen und sich gemeinsam von ihnen inspirieren zu lassen!

Der Goldene Schnitt

Als Gleichnis bietet sich uns das Gleichnis vom Goldenen Schnitt an. Ihm zufolge verhält sich bekanntlich der kleinere Teil zum größeren so wie der größere zum Ganzen. Nun, ist es nicht analog mit dem Verhältnis des Tiers zum Menschen und des Menschen zu Gott? Bekanntlich eignet dem Tier bloße Umwelt, während der Mensch »Welt hat« (Max Scheler); aber die menschliche Welt verhält sich zu einer Überwelt nicht anders als die tierische Umwelt zur menschlichen Welt. Und das heißt soviel wie: Ebenso wenig wie das Tier imstande wäre, aus seiner Umwelt heraus den Menschen und dessen Welt zu verstehen, ebenso wenig ist es möglich, dass der Mensch Einblick hat in die Überwelt, dass er Gott verstünde oder gar dessen Motive nachzuvollziehen vermöchte.

Nehmen wir das Beispiel des Hundes, der, wenn man ihm gegenüber irgendwohin zeigt, nicht ebendorthin blickt, sondern auf den Finger sieht, wo nicht gar nach dem Finger schnappt: Er kann nicht das Zeigen im Sinne eines Zeichens verstehen. Aber ergeht es dem Menschen nicht ähnlich? Kommt es denn nicht vor, dass auch der Mensch einen »Fingerzeig« des Schicksals, das ihm widerfährt, nicht versteht – dass er mit seinem Schicksal hadert? Auch er »schnappt nach dem Finger« …

Den Sinn des »Ganzen« – um beim Goldenen Schnitt zu bleiben – können wir Menschen selbstverständlich nicht erfassen; zumindest können wir ihn nicht denken, sondern nur *glauben*.

KOMMENTAR

Im Franklschen Gleichnis von der Echolotung im Ozean haben wir erfahren, dass unsere drängenden Fragen just dann keine Antwort erhalten, wenn sie »richtig adressiert« sind, d. h., in die Transzendenz hineinrufen. In diesem Kontext könnte man natürlich auch erwägen, dass uns zwar geantwortet wird, aber wir in unserer Kleinheit die Antwort nicht bemerken oder, falls doch, missdeuten.

Antworten aus der Transzendenz auf unsere menschlichen Fragen könnten sogenannte Fingerzeige des Schicksals sein. Sie könnten Zufälle sein, die uns *zufallen*, und nicht bloß angenehme. Sie könnten Fügungen sein, die unerwartet eintreten. Sie könnten Barrieren auf unserem Weg sein, die uns am eingeschlagenen Kurs hindern. Sie könnten Geschenke sein, die wir nicht verdient haben, ja, die überhaupt nicht verdienbar sind. Wir schnappen nach dem Finger, der zeigen will, wir hadern mit Zufällen und Barrieren, wir stecken die Geschenke irrtümlich als »unser gutes Recht« ein … wir entziffern die Antworten nicht.

In der Metapher vom Goldenen Schnitt griff Frankl wieder einmal zur Geometrie, um ein Analogon aufzubauen. Es geht dabei um die Zweiteilung einer Strecke nach einem bestimmten System. So wie sich das kürzere Teilstück der Strecke zum längeren verhält, so soll sich das längere Teilstück zur gesamten Strecke verhalten. So manche Gymnasiasten haben sich schon geplagt, diesen Teilungspunkt zu eruieren, aber auch bildenden Künstler haben den Goldenen Schnitt für Idealrelationen bei ihren Skulpturen verwendet. Frankl verwendete ihn verblüffend anders. Er vermutete, dass sich das Wesen »Tier« so zum Wesen »Mensch« verhält, wie sich das Wesen »Mensch« zu Gott verhält. Daraus leitete er ab, dass weder die menschliche Welt mit ihrer Kultur, Technik und Wissenschaft jemals für die Tiere entschlüsselbar sein wird, noch die göttliche Überwelt mit ihren Geheimnissen jemals für die Menschen entschlüsselbar sein wird, bzw. dass sich beide »Unentschlüsselbarkeiten« im Verhältnis ähneln.

Wie er dieses Analogon in der nervenärztlichen Praxis einsetzte, davon berichtet sein nächstes Gleichnis.

Der Schmerz des Affen

Eines Tages stolpere ich in eine von meinem Assistenten Dr. K. veranstaltete gruppentherapeutische Sitzung hinein. Soeben bespricht die Gruppe den Fall einer Frau, der vor kurzem ihr elfjähriger Junge an einem Blinddarm-Durchbruch gestorben war. Die Mutter hatte versucht, sich das Leben zu nehmen, und war daraufhin zu mir in die Klinik gebracht worden. Da schalte ich mich ein: »Stellen Sie sich einmal vor, einem Affen werden schmerzhafte Injektionen gegeben, um ein Serum gegen Poliomyelitis (Kinderlähmung) zu gewinnen. Vermöchte der Affe jemals zu begreifen, warum er leiden muss?«

Stimmeneinhellig erwiderte die Gruppe, nie und nimmer wäre der Affe imstande, den Überlegungen des Menschen zu folgen, der ihn in seine Experimente einspannt; denn die menschliche Welt ist ihm nicht zugänglich. An sie reicht er nicht heran, in ihre Dimension langt er nicht hinein. Woraufhin ich wieder an der Reihe war: »... und ergeht es dem Menschen anders, ist die Welt des Menschen eine Art Endstation, so dass es jenseits von ihr nichts mehr gäbe? Müssen wir nicht eher annehmen, dass die menschliche Welt selber und ihrerseits überhöht wird von einer nun wieder dem Menschen nicht zugänglichen Welt, in der allein erst der Sinn seines Leidens zu finden wäre?«

Wie der Zufall es wollte, rekrutierte sich die Gruppe aus Teilnehmern, die durchwegs irreligiös waren; aber durch die Bank gaben sie zu, dass eine solche im Verhältnis zur menschlichen Dimension höhere Dimension, wenn schon nicht *glaub-haft*, so doch zumindest *denk-bar* ist, und dem Menschen ebenso wenig zugänglich, wie dem Affen die menschliche Dimension.

KOMMENTAR

Das Gleichnis vom (sinnvollen, aber nicht als sinnvoll erklärbaren) Schmerz des Affen, das offenbar der einstigen Patientengruppe auf der Wiener Poliklinik sehr eingeleuchtet hat, ist seither von manchen Tierschützern mit Stirnrunzeln quittiert worden. Auch ist eingewandt worden, dass der Affe im obigen Beispiel zu egoistischen Zwecken des Menschen ausgenützt wird, was, wie wir hoffen, Gott mit uns nicht vorhat.

Meiner Ansicht nach musste Frankl damals schnell improvisieren und wählte – den »Goldenen Schnitt« im Hinterkopf – eine Vorstellung, die gerade in einem Krankenhaus sicher positiv gewertet werden würde: die Gewinnung eines Serums gegen eine der furchtbarsten Krankheiten aller Zeiten, und noch dazu gegen eine Krankheit, die speziell Kinder geißelt und tötet. Die Gruppe weinte ja um ein verstorbenes Kind, und nun stand da plötzlich das Bild des Affen im Raum, dessen Opfer Kinder zu retten vermochte. Niemand kam umhin, dieses Opfer als sinnvoll anzuerkennen. Nur war es eben dem Affen abverlangt, den Opferpreis zu zahlen *ohne Wissen um ein Wieso und Wozu*.

Auf dieser Denkstufe angelangt, hatte Frankl die Gruppe dort, wo er sie haben wollte: »Tragt euer unabänderliches Leid *ohne Wissen um ein Wieso und Wozu*. Es ist durchaus möglich, dass es ein sinnvolles Wieso und Wozu gibt, auch in eurem Fall – in einer Dimension, die unsere menschliche um Äonen überragt.«

Warum war es Frankl so wichtig, einen möglichen (unbekannten) Sinn im Leid zu imaginieren? Weil es tausendfach nachgewiesen ist, dass sich das entsetzlichste Schicksal noch aushalten lässt, wenn nur an einen Sinn geglaubt wird, und umgekehrt: Im Sinnvakuum hält man das Paradies auf Erden nicht aus.

Eines Bildes Fluchtpunkt

Bei jeder Wertung werden die Werte letztlich vor das göttliche Schiedsgericht gerufen. Vor diesem Schiedsgericht werden sie nun auch zur Ordnung gerufen: Sie werden in die Rangordnung hinein gerufen – in eine Hierarchie der Werte gestellt. Innerhalb dieser Hierarchie erfolgt ihre Platzanweisung – und gegebenenfalls ihre Zurechtweisung; dann nämlich, wenn die Dinge in ihrem Wert überbewertet, wenn sie überschätzt, wenn sie vergötzt werden, und das heißt, wenn sie jene Stelle einnehmen wollen, die der absoluten Wertperson allein vorbehalten ist. Ist es doch das Wesen aller Vergötzung, dass dieser absolute Wert, obwohl jeder Wertung vorgängig, über dem Wert eines Dinges wieder vergessen wurde; dass vergessen wurde, dass »alle Dinge nur Platzhalter für den Herrn waren«.

Die Dinge sind also relativ – freilich anders als im Relativismus gedacht: Sie stehen in Relation, in Beziehung – aber zum Unbezüglichen: Das Bezugssystem der Wertbezüge ist Gott. Daraus ergibt sich, dass Gott nicht selber eine Größe irgendeiner Ordnung sein kann – nicht einmal eine unendliche Größe, vielmehr die Größenordnung selbst. Das

Bezugssystem muss seinerseits inkommensurabel sein: Es ist nicht vermessbar, nicht vergleichbar – es ist »das ganz Andere«. Gott findet sich in keiner Dimension – einfach deshalb, weil er die Dimensionalität der Wertbezüge ist. So wie der Fluchtpunkt außerhalb der Bildebene liegt, also im Bild gar nicht enthalten ist, obwohl er die Perspektive eines Bildes überhaupt erst ermöglicht, so transzendiert der Raum der Transzendenz die Ebene bloßer Immanenz, obgleich er sie konstituiert.

KOMMENTAR

Wenn eine Mutter ihr 11-jähriges Kind verliert (wie die Mutter aus der vorhin erwähnten therapeutischen Gruppensitzung in der Wiener Poliklinik), darf sie verzweifelt sein. Das ist normal. Wenn sie sich allerdings daraufhin umzubringen versucht, ist ihre Verzweiflung abnormal destruktiv entgleist. Dazu pflegte Frankl erläuternd zu sagen: »Hinter jeder Verzweiflung steckt eine Vergötzung«.

Mit Vergötzung meinte er die Überbewertung eines einzelnen irdischen Wertes, der nahezu angebetet wird, und dessen Verlust dadurch unverkraftbar wird. Wenn Menschen *nur* für ihre Arbeit leben, *nur* für ihre Kinder leben, *nur* für eine Erfindung leben usw. setzen sie alles auf eine Karte. Alles steht und fällt mit dieser »Wertkarte«. Da jedoch sämtliche irdischen Werte verlierbar sind, enden solche Menschen immer im »Fallen«.

Frankl warnte vor jeglicher Vergötzung, selbst der eines Kindes. Kein irdischer Wert darf verabsolutiert werden, keiner gehört uns auf ewig. »Alle Dinge (auch geliebte Personen, Berufungen usw.) sind nur Platzhalter für den Herrn«, so seine wunderschöne Formulierung.

Aber … wer ist der »Herr«? Was ist das Absolute? Wo alle Worte zu wenig sind, behalf sich Frankl erneut mit einer Parabel. Perspektivische Zeichnungen werden konstruiert, indem gerade Linien, die in Wirklichkeit parallel laufen (z. B. Haus- oder Dachober- und Unterkanten) auf einen unendlich fernen Fluchtpunkt zulaufend gezeichnet werden. Dieser Fluchtpunkt ist ein Phantom, denn er kommt in der Zeichnung selbst nicht vor, und die perspektivischen Linien, die zu ihm führen, sind im Allgemeinen nicht (auch nicht außerhalb der Zeichnung) bis zu ihm verlängerbar, weil er im Unendlichen liegt. Dennoch ist er tonangebend für die ganze Zeichnung. Jede Linie hat ihren Platz nur in Hinblick auf ihn. Er hält gleichsam sämtliche Parallelen »irgendwo« auf sich vereint zusammen.

Das etwa ist »der Herr«, meinte Frankl. Ein »Fluchtpunkt«, der in der Immanenz nicht aufscheint, aber allen Werten ihren Platz zuweist, und sämtliche Geschöpfe »irgendwo« auf sich vereint zusammenhält.

Im Übrigen könnte man unter dem Wort »Fluchtpunkt« naiv auch einen Punkt verstehen, an den man in jeder Bedrängnis flüchten kann, weil man dort absolut geborgen ist. Mir will scheinen, dass die eine wie die andere Auslegung bestens passt.

Der unsichtbare Zuschauer

Was macht es aus, dass Gott unsichtbar, ein unsichtbarer Zeuge und Zuschauer ist? Der Schauspieler, der auf der Bühne steht, sieht ebenso wenig, vor wem er da spielt: Er ist durch das Licht von Soffitten und Rampen geblendet, und der Zuschauerraum liegt im Dunkel. Dennoch weiß der Schauspieler darum, dass dort drunten im verdunkelten Raum Zuschauer sitzen – dass er *vor jemandem* agiert. Nicht anders verhält es sich mit dem Menschen: Auf der Bühne des Lebens agierend, aber durch die vordergründige Alltäglichkeit geblendet, ahnt er trotzdem und immer schon – aus der Weisheit seines Herzens heraus – die Zeugenschaft des großen, wenn auch unsichtbaren Zuschauers, vor dem er verantwortlich ist für die ihm abverlangte Erfüllung eines konkreten und persönlichen Lebenssinns.

KOMMENTAR

Frankl hat bis zu seinem Tod unermüdlich an der prinzipiellen Verantwortlichkeit des Menschen festgehalten. Verantwortlich, so dozierte er öffentlich, ist der Mensch *für et-*

was. Konkret: für die Erfüllung sinnvoller Lebensaufgaben. Verantwortlich, so spürte er in seiner Seele, ist der Mensch aber auch *vor jemandem*.

Im letztgenannten Gleichnis scheute sich Frankl nicht, auszusprechen, *vor wem*.

So sei denn dies sein Vermächtnis an uns: »Seid achtsam auf den Brettern, die die Welt bedeuten! Ihr spielt vor offenem Vorhang!«

Ein Zwerg auf der Schulter

Wer dürfte von Psychotherapie sprechen, ohne Freud und Adler zu nennen? Wer könnte umhin, wenn von Psychotherapie die Rede ist, von der Psychoanalyse und Individualpsychologie Ausgang und immer wieder auf sie Bezug zu nehmen? Stellen doch beide die einzigen großen Systeme auf psychotherapeutischem Gebiete dar. Das Werk ihrer Schöpfer lässt sich aus der Geschichte der Psychotherapie nicht wegdenken. Wann immer es auch darum gehen mag, die Grundsätze der Psychoanalyse bzw. Individualpsychologie zu überhöhen, gilt es trotzdem, ihre Lehre zur Grundlage der Untersuchungen zu machen. Sehr schön hat einmal Stekel den Sachverhalt zum Ausdruck gebracht, als er mit Bezug auf Freud meinte, ein Zwerg, der auf den Schultern eines Riesen stehe, könne weiter und mehr sehen, als der Riese selbst.

Die obigen Sätze sind die *ersten* Sätze im *ersten* Buch von Frankl, das bereits 1941 geschrieben und 1946, nach seiner Befreiung, gedruckt worden ist. Sie honorieren seine einstigen Lehrer und Vorbilder, auch wenn sich Frankl längst von ihnen distanziert hatte. Doch waren Dankbarkeit und Fairness hervorstechende Merkmale Frankls. Nie gab er eine Idee als seine eigene aus, wenn er sie von Fachkollegen übernommen hatte, sondern zitierte treu die Quelle. Das ist heute kaum mehr üblich. Und stets ehrte er seine Fachkollegen, auch wenn er manche ihrer Theorien aus tiefster Überzeugung heraus ablehnte.

Ein weiteres Merkmal war seine Bescheidenheit. Er bemühte sich zwar redlich, seine Konzepte minuziös zu belegen, aber sich selbst hob er dabei niemals aufs Podest. Im Selbstbild eines »Zwerges«, der auf der Schulter eines »Riesen« steht, wird dies sehr deutlich. Auch demonstriert es seinen exzellenten Humor, den er trotz vieler Enttäuschungen nie verloren hat.

Nun, es stimmt, dass Frankl – auf den Schultern seiner Vorläufer Freud und Adler – über seine Vorläufer hinausgesehen hat, bis in die am Horizont heraufdämmernden Gewitterwolken des 21. Jahrhundert hinein, aber *er war kein Zwerg*! Er war eine hervorragende Arztpersönlichkeit und einer der bedeutsamsten Genies und Denker des 20. Jahrhunderts. In allen Sparten der Psychiatrie, Neurologie, Psychotherapie und Philosophie bewandert hat er eine Seelenheilkunde geschaffen, die ihresgleichen sucht. Es ist nicht verwunderlich, dass sein Werk rund um den Erdball mit 29 Ehrendoktoraten und zahllosen Auszeichnungen gewürdigt worden. Sein Buch »Man's Search for Meaning« ist in Millionenexemplaren erschienen und hat eine ganze Nachkriegsgeneration bewegt und getröstet. Dass er sich selbst auf kein Podest hob, bestätigt nur dies: Die wahrhaft Großen sind allesamt – bescheiden.

EDITORISCHE NOTIZ

Das vorliegende Buch erscheint als dritter Band in der Viktor-Frankl-Reihe des Benevento Verlags, in der vergriffene Texte des Autors in bibliophilen Ausgaben neu aufgelegt werden (Auftakt der Reihe bildete *Zeiten der Entscheidung*, als Band 2 folgten die Friedensappelle von Frankl unter dem Titel *Die* eine *Menschheit*). Die Originalausgabe von *Zeiten der Besinnung* ist 2005 im Kösel Verlag, München, unter dem Titel *Der Seele Heimat ist der Sinn* erschienen, inzwischen aber nicht mehr lieferbar.

Die Texte dieses Bandes wurden von Elisabeth Lukas und Heidi Schönfeld von der Akademie für Logotherapie in Bamberg aktualisiert. Neu hinzu kam das Vorwort von Walter Kohl. Ansonsten wurden die Texte, abgesehen von wenigen formellen Änderungen, in der Originalschreibweise belassen.

Der Verlag ist sich bewusst, dass von Frankl verwendete Zuschreibungen und Begriffe ggf. negativ konnotiert und unzeitgemäß sind. Zugunsten der Zitierung des Originals wurde aber auch in diesen Fällen kein Eingriff vorgenommen. Auch das Gendern war zu Frankls Lebzeiten noch nicht üblich und fehlt daher in seinen Texten. Aus Gründen der Einheitlichkeit und leichten Lesbarkeit wurde deswegen auch in den Texten von Elisabeth Lukas darauf verzichtet. Gemeint sind jedoch immer alle Geschlechter in gleicher Weise und ohne Unterschiede.

Der Verlag bedankt sich bei Elisabeth Lukas, Heidi Schönfeld und Franz Vesely für die Mitarbeit und die zahlreichen Impulse, zur Reihe allgemein, aber auch speziell zu *Zeiten der Besinnung*.

LITERATUR

In *Zeiten der Besinnung* werden jeweils die aktuellen Ausgaben der Bücher von Viktor Frankl zitiert.

Im Anfang war der Sinn, Piper, München, 4. Auflage 1997 (zusammen mit Franz Kreuzer).

Ärztliche Seelsorge, dtv, München, 7. Auflage 2017.

Das Leiden am sinnlosen Leben, Herder, Freiburg i. Br. 2021.

Der leidende Mensch, Huber, Bern, 3. Auflage 2005.

Logotherapie und Existenzanalyse, Beltz, Weinheim / Basel, 3. Auflage 2010.

Psychotherapie für den Alltag, Kreuz Verlag, Freiburg i. Br., 6. Auflage 2015.

Die Psychotherapie in der Praxis. Eine kasuistische Einführung für Ärzte, in: *Gesammelte Werke*, Bd. 3, Böhlau, Wien / Köln / Weimar 2008.

Die Sinnfrage in der Psychotherapie, Piper, München, 6. Auflage 1996.

Theorie und Therapie der Neurosen. Einführung in Logotherapie und Existenzanalyse, Reinhardt, München, 9. Auflage 2007.

Über den Sinn des Lebens, Mit einem Vorwort von Joachim Bauer, Beltz, Weinheim / Basel, 3. Auflage 2020.

Der unbewusste Gott. Psychotherapie und Religion, dtv, München, 14. Auflage 2017.

Der Wille zum Sinn. Ausgewählte Vorträge über Logotherapie, hogrefe, Bern, 7. Auflage 2016.

TEXTNACHWEISE

Die Texte »Das gesunde Auge«; »Maler oder Augenarzt?«; »Der Blick auf die Staffelei« wurden mit freundlicher Genehmigung der Familie Frankl-Vesely übernommen aus: Viktor E. Frankl / Franz Kreuzer, *Im Anfang war der Sinn*, München, 4. Auflage 1997.

Die Texte »Wagentyp und Fabrikmarke«; »Der Boden als Sprungbrett«; »Napoleons Schlachten«; »In der Wand erschlaffen«; »Symphonie und Alpenglühen«; »Der beste Schachzug«; »Wanderung durch die Wüste«; »Der Abreißkalender«; »Ein Zwerg auf der Schulter« wurden mit freundlicher Genehmigung des Paul Zsolnay Verlags übernommen aus: Viktor E. Frankl, *Ärztliche Seelsorge. Grundlagen der Logotherapie und Existenzanalyse.* Überarbeitete und erweiterte Auflage. © Deuticke im Paul Zsolnay Verlag Wien 2005.

Der Text »Nicht so gut wie Whisky?« wurde mit freundlicher Genehmigung des Herder Verlags übernommen aus: Viktor E. Frankl, *Das Leiden am sinnlosen Leben* © Verlag Herder GmbH, Freiburg i. Br. 2021.

Die Texte »Die Schatten dreier Figuren«; »Sicherung und Zündkerze«; »Der Pianist und sein Klavier«; »Der Baumeister und sein Material«; »Was sieht ein Kanalräumer?«; »Nur 26 Buchstaben?«; »Der Fluss und das Kraftwerk«; »Ein Würfelspiel«; »Gespräch im Schützengraben«; »Von der Brücke springen?«; »Sabbat in Permanenz«; »Das Kampffisch-Weibchen«; »Zum Essen eingeladen«; »Ein Schilling für den Bettler«; »Unaufgelöster Akkord«; »Kaleidoskop oder Fernglas«; »Die

Seele im Mikroskop?«; »A. Kinsey und der Blutdruck«; »Kettenreaktionen«; »Das denkende Schilfrohr«; »Die Lötstelle im Kreis«; »Schallplatten-Wiedergabe«; »Ewiges Alluvium«; »Adern voll Blut«; »Blick durch die Ruinen«; »Eines Bildes Fluchtpunkt« wurden mit freundlicher Genehmigung der Hogrefe AG übernommen aus: Viktor E. Frankl, *Der leidende Mensch,* Huber, Bern, 3. Auflage 2005.

Die Texte »Auf das Fragen verzichten?«; »Das Flugzeug in den Lüften«; »Das offene Trinkglas«; »Gibt es den Storch?«; »Schlag auf den Mund«; »Einen Roman schreiben«; »Wo ist der Planet Erde?«; »Der zurückkehrende Bumerang«; »Habe Durst *gehabt*«; »Ein Spiegel mit Flecken«; »Ärzte sind keine Schwimmlehrer«; »Vakatwucherung«; »Abertausende Filmszenen«; »Das kleine und das große Feuer«; »Der Goldene Schnitt«; »Der Schmerz des Affen«; »Der unsichtbare Zuschauer« wurden mit freundlicher Genehmigung des Beltz Verlags übernommen aus: Viktor E. Frankl, *Logotherapie und Existenzanalyse.* © 2000 Beltz & Gelberg in der Verlagsgruppe Beltz, Weinheim Basel.

Die Texte »Das Riff bei Ebbe«; »Der gefährdete Taucher« wurden mit freundlicher Genehmigung des Ernst Reinhardt Verlags übernommen aus: Viktor E. Frankl, *Theorie und Therapie der Neurosen. Einführung in Logotherapie und Existenzanalyse,* Reinhardt, München, 9. Auflage 2007.

Der Text »Nur ein Skelett?« wurde mit freundlicher Genehmigung des Herder Verlags übernommen aus: Viktor E. Frankl, *Psychotherapie für den Alltag,* 6. Auflage © Verlag Herder GmbH, Freiburg i. Br. 2015.

Die Texte »Taube und Tausendfüßler«; »Besondere Brückenköpfe«; »Die Sonne über den Wolken« wurden mit freundlicher Genehmigung des Paul Zsolnay Verlags übernommen aus: Viktor E. Frankl, *Die Psychotherapie in der Praxis. Eine kasuistische Einführung für Ärzte.* Überarbeitete und erweiterte Auflage. © Deuticke im Paul Zsolnay Verlag, Wien 1982.

Die Texte »Mehrzellige Lebewesen«; »Wie die Türe aufgeht«; »Der kalifornische Fluglehrer«; »36 wahrhaft Gerechte«; »Figuren vom Brett fegen?«; »Die Strahlkraft des Radiums« wurden mit freundlicher Genehmigung der Familie Frankl-Vesely übernommen aus: Viktor E. Frankl, *Die Sinnfrage in der Psychotherapie,* München, 6. Auflage 1996.

Die Texte »Der Seiltrick des Fakirs«; »Samuel versteht nicht«; »Wolken am Himmel« wurden mit freundlicher Genehmigung des Kösel Verlags übernommen aus: Viktor E. Frankl, *Der unbewusste Gott. Psychotherapie und Religion.* © 1988, Kösel-Verlag, München, in der Penguin Random House Verlagsgruppe GmbH.

Die Texte »Der Hund unter dem Bett«; »Die Kette zerreißen«; »Das Stoppelfeld und die Scheune«; »Papiertütenherstellung«; »Echolotung im Ozean« wurden mit freundlicher Genehmigung der Hogrefe AG übernommen aus: Viktor E. Frankl, *Der Wille zum Sinn. Ausgewählte Vorträge über Logotherapie,* hogrefe, Bern, 7. Auflage 2016.

VITA VIKTOR E. FRANKL

Dr. med., Dr. phil., Dr. h.c.mult. Viktor E. Frankl (1905–1997) war Professor für Neurologie und Psychiatrie an der Universität Wien sowie Gastprofessor an der Harvard University und an Universitäten in Dallas, Pittsburgh und San Diego. Von 1940 bis 1942 war er Leiter der Neurologischen Station des Rothschild-Spitals und von 1946 bis 1970 Vorstand der Wiener Neurologischen Poliklinik. Die von ihm begründete »Logotherapie und Existenzanalyse« gilt als vorrangig sinnzentrierte Richtung der Psychotherapie. Sie wird auch als die »Dritte Wiener Schule der Psychotherapie« bezeichnet, nach der Psychoanalyse von Sigmund Freud und der Individualpsychologie von Alfred Adler. Frankl wurde zu Vorträgen an über zweihundert Universitäten auf allen Kontinenten eingeladen und erhielt neunundzwanzig Ehrendoktorate. Seine vierzig Bücher sind bisher in mehr als fünfzig Sprachen erschienen. Von seinem Buch *Man's Search for Meaning* sind über sechzehn Millionen Exemplare verkauft worden. Laut Library of Congress (Washington) ist es »one of the ten most influential books in America«. Auf Deutsch ist das Buch unter dem Titel *... trotzdem Ja zum Leben sagen* erschienen. Logotherapie-Institute und Gesellschaften in aller Welt führen Frankls Werk weiter fort.

www.viktorfrankl.org

VITA ELISABETH S. LUKAS

Elisabeth S. Lukas begegnete als junge Psychologiestudentin Viktor E. Frankl 1968 und war mit ihm bis zu seinem Tod 1997 befreundet. Von 1973 bis 1986 arbeitete sie in Familien- und Lebensberatungsstellen, neun Jahre davon in leitender Position. 1986 gründete sie gemeinsam mit ihrem Mann das Süddeutsche Institut für Logotherapie in Fürstenfeldbruck bei München, eine Wissenschafts- und Ausbildungsstätte mit psychotherapeutischer Ambulanz. Von 2003 bis 2013 wirkte sie noch als Hochschuldozentin im österreichischen Ausbildungsinstitut für Logotherapie und Existenzanalyse ABILE mit Sitz in Wels. Sie verfügt über eine mehr als 30-jährige Erfahrung als Psychotherapeutin, hat ca. 1000 psychologische Fachkräfte in Logotherapie voll ausgebildet, an mehr als 50 Universitäten im In- und Ausland gelehrt (die St. Clara-Universität in Kalifornien verlieh ihr einen Ehrenpreis, die Universität Moskau eine Ehrenprofessur) und hat an die 55 Fachbücher verfasst. Auf Grund ihrer besonderen Gabe, das Franklsche Gedankengut ins Leichtverständliche und Praktikable »übersetzen« zu können, errang sie sich international den Ruf einer ausgezeichneten »Frankl-Interpretin«. Deswegen war sie wie kaum sonst jemand geeignet, die erhellende Symbolik, die vereinzelt in der Franklschen Literatur enthalten ist, zu sammeln und im vorliegenden Buch für die Leserschaft fruchtbar zu machen.

Der nachfolgende Textausschnitt stammt aus der Feder einer ihrer Schülerinnen, Gabriele Kieser. Da dieser Text Lukas anschaulicher darstellt als es jede nüchterne Lebenslaufskizze vermöchte, sei er hiermit wiedergegeben:

Die Beratungsstelle Time-out gehört mit zu meinen Aufgabenbereich; eine Beratungsstelle, die sich an der »sinnzentrierten Psychotherapie« Viktor E. Frankls, der Logotherapie, orientiert. Es kommen ArbeitnehmerInnen und ArbeitgeberInnen, Menschen mit schwierigen Situationen am Arbeitsplatz oder im persönlichen Leben, Arbeitslose oder Workaholics. Wir gehen ein Stück Weg miteinander, und ich staune immer wieder, was dabei möglich wird.

Zur Logotherapeutin ausgebildet wurde ich am Süddeutschen Institut für Logotherapie, das damals die renommierteste Frankl-Schülerin Elisabeth Lukas geleitet hat. Ich verdanke ihr sehr viel. Eines ihrer zahlreichen Bücher hat mich vor 15 Jahren zur Logotherapie gebracht. Im Seminar über logotherapeutische Gesprächsführung überraschte sie uns immer wieder durch ihre geniale Art, in einer völlig verfahrenen Gesprächssituation mit ihrem sicheren Gespür den Wendepunkt zu finden. Im Jahr meiner Selbsterfahrung lernte ich bei ihr, meine Biographie logotherapeutisch aufzuarbeiten und konnte mich so mit vielem versöhnen …

Die wichtigste Begegnung mit ihr hatte ich allerdings, als sie mich noch nicht kannte. Ich besuchte einen öffentlichen Vortrag von ihr in Biberach, war in einer schweren Lebenskrise und wusste weder ein noch aus. Nach dem Vortrag stellte ich aus dem Publikum heraus eine allgemeine Frage, die sie aber sofort als meine ureigenste Frage erkannte. Dass jemand mehr hört, als ich zu sagen wage, dass jemand alles Allgemeine sofort verlässt und sich mir persönlich engagiert zuwendet, ein Auge für mich hat und ein Wort, das mich trifft und stärken kann, das war für mich damals eine sehr eindrückliche

Erfahrung. Und es sagt – pars pro toto – viel aus über die verehrte Lehrerin, der ich an dieser Stelle meinen großen Dank und meine besten Wünsche für das weitere Leben aussprechen möchte.*

Umfangreiche Informationen zu Elisabeth Lukas finden Sie auch auf: www.elisabeth-lukas-archiv.de.

* Gabriele Kieser im Jahresbericht des Pfarramts für Industrie und Wirtschaft in Basel, 2002.